東北大学大学入試研究シリーズ

大学入試センター試験から
大学入学共通テストへ

金子書房

「東北大学大学入試研究シリーズ」の刊行に当たって

　わが国において，大学入試というテーマは，誰しもが一家言を持って語ることができる身近な話題である反面，一部の例外を除き，研究者が専門的に研究すべきテーマとはみなされていませんでした。圧倒的多数の人にとって試験や入試は思い出したくない嫌な記憶でしょうから，必然的に大学入試は「好ましくないもの」という位置付けで語られ続けることになります。一方，時代によって機能の大きさや役割が変化するとはいえ，大学入試は多くの人の将来を定めるものであり，社会の未来を担う若者を育てる教育の一環として社会的に重要な位置を占める制度です。

　1999年（平成11年）4月，東北大学アドミッションセンターは国立大学で初めてAO入試を実施する専門部署の一つとして発足しました。それは同時に，大学に設けられた初の大学入学者選抜（大学入試）研究の専門部署の誕生でした。東北大学アドミッションセンターの設立から20年が経過し，各大学に教員を配置して入試を専管する部署が普及してきました。個々の大学を見れば，その位置付けや期待されている機能は様々ですが，大学入試が単なる大学事務の一部ではなく，専門性を持った分野として捉えられつつあることは喜ばしい環境の変化と感じています。この度，令和元〜令和4年度（2019〜2022年度）日本学術振興会科学研究費補助金挑戦的研究（開拓）「『大学入試学』基盤形成への挑戦――真正な評価と実施可能性の両立に向けて――」（課題番号19H05491）の助成を受けたことをきっかけに，10年以上に渡って温めてきた学問としての「大学入試学（Admission Studies）」の創設に向けて，具体的な歩みを始める時が来たと感じました。その証として，これまで刊行された文献に書下ろしの論考を加え，「東北大学大学入試研究シリーズ」を創刊することとしました。大きく変動する社会の中で，実務の最前線で行うべきことは何かを識るとともに，「百年の大計」の下で教育における不易（変えるべきではないもの）と流行（変えるべきもの）を見据える一つの参照軸を創生することを目指します。

2020年1月　シリーズ監修　倉元直樹

はじめに

　本書は「東北大学大学入試研究シリーズ」の第2巻という位置づけにある。当初，令和元年（2019年）9月頃に脱稿し，第1巻『「大学入試学」の誕生』と同時に刊行の予定であった。元々は『大学入試センター試験から大学入学共通テストへ』という書名に合わせ，今年で最後となる大学入試センター試験が実施される令和2年（2020年）1月中旬頃の出版を目指して準備していた。しかしながら，ひとえに編者の能力不足により2か月ほど刊行が遅れてしまった。出版に関係する皆様方にはご迷惑をおかけしたことについて，この場を借りてお詫びしたい。

　ところが，結果的に出版が遅れたのは悪いことばかりではなかった。それは，令和元年（2019年）11月1日に突然，令和3年度（2021年度）入試から導入が予定されていた「大学入試英語成績提供システム」の導入が延期がされ，12月17日には記述式問題の見送りも発表されたからである。導入直前の撤回とその発表は，文部科学大臣の記者会見という異例の形で行われた。この決定に関しては，立場によって評価が分かれることだろうが，少なくとも，本書の性格上，予定通りに原稿が出来上がっていたら，いくつか大幅な修正を迫られたことだろう。執筆が遅れて「悪いことばかりではなかった」というのはそういう意味である。

　本書が学術的な出版物という性格を持つ以上，現時点において後代に残す意義があると考えられる論考を集めたつもりである。しかし，今，現在，この場から見えている景色は数年後には確実に後景に退いてしまう。つまり，今は多くの人々が共有する常識となっており，多くの読者に説明なしで伝わると考えられる事実であっても，数年程度経過すると補足説明なしには何のことだか分からなくなってしまうかもしれない。そう考えて，まずは可能な限り簡略に本書の背景についてまとめておくこととしたい。

　本書は，現在進行中のいわゆる「高大接続改革」に関わる論考を集録したものである。高大接続改革は，平成26年（2014年）末に公表された高大接続

特別部会による中央教育審議会答申（2014）によって本格的に始まった。高校教育，大学教育，大学入学者選抜（大学入試）を三位一体として同時に大きく変えていくということが基本コンセプトである。しかし，実態として，ここまでの議論は大学入試改革に集中している。

高大接続答申につながる文部科学大臣からの諮問は，民主党政権時代の平成24年（2012年）8月に平野博文文部科学大臣名で出されたもので「大学入学者選抜の改善をはじめとする高等学校教育と大学教育の円滑な接続と連携の強化のための方策」というタイトルが付されている。確かにテーマの上では高大接続答申との連続性が見えるが，具体的な諮問内容は従来の方向性を抜本的に変えるほどに大規模な改革を志向したようには見えない。むしろ，現在の流れに至ったのは中教審の審議期間中に政権交代が起こり，自由民主党第二次安倍晋三内閣が発足したことが大きい。

第二次安倍内閣の下，政権与党となった自由民主党本部に発足した教育再生実行本部による第一次提言（自由民主党，2013）が本格的な入試改革の議論の端緒となり，それを受けて，首相官邸の下に置かれた教育再生実行会議で大学入試改革を含む教育改革が議論され，その第四次提言（教育再生実行会議，2013）が中教審の審議内容に決定的な影響を与えることとなった。

高大接続答申を受け，改革の具体的な中身について検討したのが高大接続システム改革会議である。平成27年（2015年）3月5日に第1回が開かれ，計14回の会議を経て，約1年後の平成28年（2016年）3月31日に最終報告が公表されている（高大接続システム改革会議，2016）。教育再生実行本部第一次提言が発表された平成25年（2013年）4月から高大接続システム改革会議最終報告が出された平成28年（2016年）3月までの3年間が，現在の高大接続改革の流れを決めた最も重要な期間と言える。

第1部に再録された4編の論考は，高大接続改革の議論の始まりから高大接続システム改革会議最終報告までの議論を辿ろうとするものである。この間，入試改革の具体的な中身には大きな紆余曲折がみられる。

オリジナルの出版時期は第3章（倉元，2014）が最も早く，平成26年（2014年）3月である。高大接続改革の初期の議論と，それに対する受け止め方が分かる。第1章（土井，2016）は平成28年（2016年）3月の出版であるが，前年5月に行われたシンポジウム[i]における基調講演の内容を基にし

たものである。中教審で何が問題とされ，議論されてきたのかが生き生きと伝わってくる。第2章（倉元，2017）と第4章（南風原，2017）は第1章と同じパターンで，前年度に行われたシンポジウムの2つの基調講演を基に執筆されたものである。執筆当時の内容には本質的な修正を加えていないので，現時点から見ると違和感が残り，分かりにくいと感じられるトピックもあるだろう。しかし，逆に，議論の焦点が短期間にどんどん移り変わっていった様子が実感できるのではないだろうか。

　第2部はより具体的な話題を扱った。すなわち，高大接続改革に関する議論の焦点となった英語民間試験の活用と大学入学共通テストにおける記述式問題の導入に関連する論考をいくつかピックアップしてまとめたものである。焦点を絞って行われた実証的な研究を4本再録したが，高大接続改革の実像を包括的に分析し，検証するような内容ではない。データを収集して個別の問題を論じる実証研究は，小さなものでも数か月という単位の時間が必要になるが，その成果を待つ余裕がないほど，急いで改革が進められてきている様子が看取できるのではないだろうか。

編者　倉元直樹

文　献

中央教育審議会（2014）．新しい時代にふさわしい高大接続の実現に向けた高等学校教育，大学教育，大学入学者選抜の一体的改革について——すべての若者が夢や目標を芽吹かせ，未来に花開かせるために——（答申）中央教育審議会 Retrieved from http://www.mext.go.jp/b_menu/shingi/chukyo/chukyo0/toushin/__icsFiles/afieldfile/2015/01/14/1354191.pdf（2019年11月20日）

土井　真一（2015）．中教審高大接続答申を読む——大学入試改革を着実に実現するために——東北大学高度教養教育・学生支援機構（編）第22回東北大学高等教育フォーラム「新時代の大学教育を考える（12）大学入試改革にどう向き合うか——中教審高大接続答申を受けて——」報告書　9-17.

土井　真一（2016）．中教審高大接続答申から考える——大学入学者選抜制度の改革を着実に実現するために——　東北大学高度教養教育・学生支援機構（編）　高大接続改革にどう向き合うか（pp.7-31）　東北大学出版会（第1章原典）

南風原　朝和（2016）．共通試験と個別試験に求められるもの——測定論の観点から——　東北大学高度教養教育・学生支援機構（編）　第24回東北大学高等教育フォーラム「新時代の大学教育を考える（13）大学入試における共通試験の役割——センター試験の評価と新制度の課題——」報告書 7-17.

南風原　朝和（2017）．共通試験に求められるものと新テスト構想　東北大学高等教養

教育・学生支援機構（編）　大学入試における共通試験（pp. 83-99）東北大学出版会（第4章原典）

自由民主党（2013）．教育再生実行本部　成長戦略に資するグローバル人材育成部会提言 Retrieved from https://www.jimin.jp/policy/policy_topics/pdf/pdf112_1.pdf　自由民主党（2016年10月19日）

高大接続システム改革会議（2016）．高大接続システム改革会議「最終報告」Retrieved from http://www.mext.go.jp/b_menu/shingi/chousa/shougai/033/toushin/1369233.htm　文部科学省（2019年11月20日）

倉元 直樹（2014）．達成度テストと大学入試センター試験　東北大学高等教育開発推進センター（編）「書く力」を伸ばす——高大接続における取組みと課題——（pp.187-217）東北大学出版会（第3章原典）

倉元 直樹（2016a）．大学入試制度改革の論理に関する一考察——大学入試センター試験はなぜ廃止の危機に至ったのか——　全国大学入学者選抜研究連絡協議会第11回大会研究発表予稿集，35-40.

倉元 直樹（2016b）．大学入試制度改革の論理に迫る——センター試験『廃止』の理由——東北大学高度教養教育・学生支援機構（編）　第24回東北大学高等教育フォーラム「新時代の大学教育を考える（13）大学入試における共通試験の役割——センター試験の評価と新制度の課題——」報告書　25-36.

倉元 直樹（2017）．大学入試制度改革の論理に関する一考察——大学入試センター試験はなぜ廃止の危機に至ったのか——　大学入試研究ジャーナル，27，29-35.（第2章原典）

倉元 直樹（編）（2020）．「大学入試学」の誕生　金子書房

教育再生実行会議（2013）．高等学校教育と大学教育の接続・大学入学者選抜の在り方について（第四次提言）Retrieved from http://www.kantei.go.jp/jp/singi/kyouiku-saisei/pdf/dai4_1.pdf（2019年11月20日）教育再生実行会議

---

i　本シリーズの第1巻第1部 Introduction で紹介した「東北大学高等教育フォーラム」である（倉元（編），2020, p.5）。第1章は平成27年（2015年）5月15日開催の第22回「大学入試改革とどう向き合うか——中教審高大接続答申を受けて——」，第2章と第4章は平成28年（2016年）5月23日開催の第24回「大学入試における共通試験の役割——センター試験の評価と新制度の課題——」の基調講演を基にして執筆された論考である（土井，2015；倉元，2016b；南風原，2016）なお，第2章は p.29の脚注にもある通り，内容的には倉元（2016b）とほぼ同等であるが，2016年6月3日の全国大学入学者選抜研究連絡協議会の研究発表予稿集原稿を基に，翌年3月に同名で大学入試研究ジャーナルに採録された論文を再録したものである（倉元，2016a，2017）。

目　次

第 **1** 部

大学入試制度改革の論理

大学入学共通テストの導入とその背景

　平成 2 年度（1990年度）入試に第 1 回が実施された大学入試センター試験は，令和 2 年度（2020年度）入試が31回目となる。それを最後として，センター試験はその歴史を閉じる。まさしく，平成とともに生まれ，平成と共に去っていくことになる。期せずして時代を象徴するような使命を負ったかのようである。大学入試センター試験に代わって新しく大学入学共通テストが誕生する。第 1 部ではセンター試験が終わりを告げ，大学入学共通テストが誕生するまでの軌跡をたどる。

　「はじめに」で述べたように，第 1 部の 4 つの章の中では第 3 章が執筆された時期が最も早い。平成25年（2013年） 4 月に英語教育改革に関する議論の一部として「TOEFL を大学入試に」というアイデアが自由民主党教育再生実行本部から提起され，それを受けて10月に教育再生実行会議が大学入試改革をテーマとした第四次提言を発表した。文中にもあるように，第 3 章はその時期に書かれたものである。中教審高大接続特別部会ではまだ審議が行われていた時期であり，答申の発表には至っていない。その時点で公表されていた事実を基に執筆されたものである。

　改めて教育再生実行本部第一次提言の議論を眺めてみると「グローバル人材育成」が改革の目的とされている（自由民主党，2013）。そのステップとして「英語教育」，「理数教育」，「ICT 教育」にスポットが当てられている。つまり，英語教育はグローバルに活躍する人材育成のための教育改革の第 1 段階という位置づけである。そして，英語教育の改革の一環として「TOEFL 等の一定以上の成績を受験資格及び卒業要件とする世界レベルの教育・研究を担う大学」を30程度選定するとの提案がなされた。すなわち，国際社会で通用するエリート育成を目指した政策提言の中で英語民間試験の対象者として想定されていたのは，主として社会をリードするトップ層と言える。なお，高等学校段階において「TOEFL iBT 45点（英検 2 級）等以上を全員が達成」という項目もあるが，付け足しのような印象である。その点に関して詳細な記述は見当たらない。

　一方，教育再生実行会議第四次提言（教育再生実行会議，2013）は大学入学者選抜の仕組みにより具体的に踏み込んだものとなっている。この時点で提案された2種類の達成度テスト（基礎レベル，発展レベル）という構想は，学士課程答申（中央教育審議会，2008）において提案された高大接続テストと大学入試センター試験との関係に類似している[1]。自由民主党教育再生実行本部の第一次提言で提案された「TOEFL等の活用」は「外国語，職業分野等の外部検定試験の活用」という表現であっさりと触れられているが，特に強調されてはいない。

　教育再生実行会議第四次提言には，高大接続改革のその後の議論を考えると重要な記述がいくつか見られる。例えば，「現在の大学入試センター試験は，難問奇問を排除した良質の問題を提供し，各大学が実施する試験との組合せによる大学入学者選抜の個性化・多様化を促進している一方で，…（p. 6）」という記述がある。センター試験の運営上の問題点や悪しき波及効果については指摘されているが，試験問題の質に対してネガティブな評価は見られない。第2章では，高大接続改革の議論を辿る上で，この点が極めて重要なポイントと位置付けられている。さらには「大学入学者選抜の方法については，高校生に不安を与えることのないよう，十分な周知期間を置いて見直すことに留意する必要があります。（p. 6）」という記述もある。議論の進め方はともかく，実施に関しては，どうしても2020年（令和2年）に導入しなければならないというほどの性急なスケジュール感で事を進めようとした形跡は見当たらない。

　第3章は，高大接続改革の議論が大学入試の現場の状況とは無関係に突然登場したことを危惧し，主として前半部分は教育再生実行会議の第四次提言に関わる議論に費やされている。特に，達成度テストの「複数回実施」という構想が，人格形成を目的とする高校教育とそこで生活する高校生の営みを根本的に破壊する可能性について懸念している。大学入学共通テストが具体化する段階で複数回実施案は消えていったが，英語民間試験の活用という文脈では構造的に同じ問題が残っている。大学入試英語成績提供システムの令

1　学士課程答申は，「学力抜きの選抜」になっているとして推薦入試やAO入試の問題点を指摘し，学習内容の削減というそれまでの教育政策の流れを修正したという意味で，エポックメイキングな答申と言える。

和3年度（2021年度）入試への導入は見送られたが，さらにその4年後の導入を見据えて議論が進められることになった。今後，どのような形で決着するか，本稿執筆時点では皆目見当がつかないが，大学進学準備教育機関というだけではなく，子どもたちが一人の市民として成長していく場という意味で健全な高校の営みと普通の高校生の日常生活に対して十分な配慮をもった制度が構築されることを期待したい。

　第3章の後半部分は個人的な体験に関わるエッセイ風の文章の中に織り交ぜて，大学入試センターで行われている業務が紹介されている。この部分の執筆時期はさらに7年さかのぼる。第3章は木に竹を継いだような構成となっており一つのまとまった論考としては違和感が残るが，ここで伝えられているのはセンター試験の実施体制の根底に流れる精神である。センター試験の運営が受験生一人ひとりに細かく配慮されてきたという事実が描かれている。作題から出願，実施，採点，成績通知，試験問題の講評までを含めたセンター試験のシステムは長年かけて作り上げられてきたものであり，一度失うと二度と構築できないのではないかと思わせるほど精緻なものである。入学者選抜制度の議論には，本来，それを支えるロジスティクスの裏付けが欠かせないことが分かる。

　第1章は高大接続システム改革会議の最終報告（高大接続システム改革会議，2016）が出されてから2か月ほど経過した時期に出版されたものである。実質的には高大接続答申が公表され，その具体策が後継の高大接続システム改革会議で検討されている平成27年（2015年）頃に書かれた。高大接続答申（中央教育審議会，2014）を取りまとめた中教審高大接続特別部会の委員を務めた土井真一氏が，中教審の元メンバーとして許容される範囲内で審議会の様子を伝える講演を行い，それを基に執筆された原稿である。行間からにじみ出ている白熱した審議の様子が読者に伝わることを願い，本書の最初の論考として再録することとした。

　冒頭に審議経過が簡単に記述されている。それによれば，平成26年（2014年）6月にまとまりかけた答申案が，安西祐一郎部会長の強い意向を受けてまとめ直され，半年後に公表されたものが高大接続答申ということである（p.7）。高大接続部会の審議記録を見ると，平成24年（2012年）9月28日に開催された第1回会合から平成25年（2013年）5月24日の第7回までは月1

回のペースで開かれている。その後，11月8日の第8回まで半年の中断期間がある。この間に教育再生実行会議第四次提言が公表された。再開後は，また最終回となる第21回まで月1回のペースで会合が開かれている。第8回の議題は「教育再生実行会議第四次提言を踏まえた検討課題について」となっており，提言が中教審の審議内容に決定的な影響を与えたことは否めない。なお，この時期には個別試験における学力試験の廃止も議論されていたことが分かる（pp.24-27）。個別試験の役割については第4章でも触れられているが，個別試験のシステムも一度失うと再構築が極めて困難と考えられるだけに，共通テストにどこまでの役割を期待できるのか，個別試験に代替しうる機能を付すことができるのかといった点は，様々な角度から慎重に研究していかなければならない問題であろう。

　第2章は，大学入試センター試験が廃止と決定されるに至った過程について，その論理を追おうとしたものである。高大接続答申では大学入試センター試験を「『知識・技能』を問う問題（p.14）」と位置づけ，抜本的改革が必要なことから廃止，「特に『思考力・判断力・表現力』を中心に評価する新テスト『大学入学希望者学力評価テスト（仮称）』を導入（p.10）」という方針が出されている。教育再生実行会議で提案された達成度テスト（発展）とセンター試験との関係は明示されていないので，センター試験の廃止が明確に打ち出されたのは高大接続答申が初めてということになる。センター試験の問題点が「1点刻みの選抜を助長」している，複雑化が限界に達しているといった指摘は従来からあったが，公的文書の中で問題そのものの質に批判の焦点を当てて「廃止」への論理を組み立てたのは，高大接続答申が初めてと思われる。この論理は結果的に新しく導入される大学入学共通テストに対して技術的に極めて高いハードルを課す結果となっている。第2章はその点について限られた資料を基に検証を試みたものである。特に，平成24年度（2012年度）入試で発生した大規模な試験問題冊子配付ミスがセンター試験見直しのきっかけとなり，途中で論理がすり替わって大学入試センター試験廃止の議論に至ったのではないか，という推論が特徴的である。第1章にはその裏付けとなる記述が見られる（p.13）。今後，この点に関して，より詳しい検証を行った研究が出現することを期待したい。

　第4章は高大接続システム改革会議の最終報告を受け，委員を務めた南風

原朝和氏が執筆したものを再録した。高大接続システム改革会議が舞台であるが，構図としては中教審高大接続特別部会に関する第1章と同一である。高大接続答申では，後述のように様々な改革案が提示されていたが，改革を具体化する役割の同会議で焦点が絞られて行った。その中でも，第4章は共通テストに導入される記述式問題についての議論が中心に描かれている。

　実は，英語民間試験の活用は高大接続システム改革会議ではほとんど話題になっておらず，平成28年（2016年）8月31日に文部科学省が公表した「高大接続改革の進捗状況について」という文書（文部科学省，2016）で英語の試験に関わる取扱いが一変したという（南風原，2018，pp. 6 - 8）。高大接続答申は，「合教科・科目型」，「総合型」の問題の出題，段階別表示による成績提供，年複数回実施，CBT方式等の改革案が提示されていた。それが，最終的に大学入試センター試験に代わる新しい共通テストの名称を「大学入学共通テスト」と定めた「大学入学者選抜改革について（大学入学共通テスト実施方針）（文部科学省，2017）」で共通テストへの「記述式問題の導入」，「英語4技能評価」と個別選抜での「学力の3要素の評価」に絞られた形になる。この間，高大接続システム改革会議の議論はどのように生かされたのだろうか。あるいは，高大接続システム会議の議論とは無関係に方針が定められたのだろうか。そうだとすれば，何がどこでどのように決まったのだろうか。そのような点も本書では詳らかにされていない。今後，解明が待たれるところである。

文　献

中央教育審議会（2008）．学士課程教育の構築に向けて（答申）

中央教育審議会（2014）．新しい時代にふさわしい高大接続の実現に向けた高等学校教育，大学教育，大学入学者選抜の一体的改革について──すべての若者が夢や目標を芽吹かせ，未来に花開かせるために──（答申）

南風原　朝和（2018）．英語入試改革の現状と共通テストのゆくえ　南風原　朝和（編）検証　迷走する英語入試　スピーキング導入と民間委託（pp.5-25）岩波ブックレット

自由民主党（2013）．教育再生実行本部　成長戦略に資するグローバル人材育成部会提言　自由民主党　Retrieved from https://www.jimin.jp/policy/policy_topics/pdf/pdf112_1.pdf（2019年11月24日）

高大接続システム改革会議（2016）．高大接続システム改革会議「最終報告」　文部科学省 Retrieved from　http://www.mext.go.jp/b_menu/shingi/chousa/shougai/033/

toushin/1369233.htm（2019年11月20日）

教育再生実行会議（2013）．高等学校教育と大学教育の接続・大学入学者選抜の在り方について（第四次提言）　教育再生実行会議　http://www.kantei.go.jp/jp/singi/kyouikusaisei/pdf/dai4_1.pdf（2019年11月20日）

文部科学省（2016）．高大接続改革の進捗状況について　文部科学省 Retrieved from http://www.mext.go.jp/b_menu/houdou/28/08/__icsFiles/afield-file/2018/04/25/1376777_001.pdf（2019年11月24日）

文部科学省（2017）．大学入学者選抜改革について　文部科学省 Retrieved from http://www.mext.go.jp/b_menu/houdou/29/07/__icsFiles/afield-file/2017/07/18/1388089_002_1.pdf（2019年11月24日）

倉元 直樹

第1章

中教審高大接続答申から考える[1]

京都大学大学院法学研究科　教授　土井　真一

第1節　はじめに

　本稿のテーマは，「中教審高大接続答申から考える」である。

　中央教育審議会に設置された高大接続特別部会は，平成24年（2012年）10月31日に第1回会議が開催され，安西祐一郎部会長の下，平成26年（2014年）10月24日まで約2年間にわたって21回の会議を重ねた。途中，平成26年（2014年）6月には一旦答申案の検討を行ったが，諸般の事情で期間を延長し，安西部会長の強い意向を受けて取りまとめられたのが，中央教育審議会答申「新しい時代にふさわしい高大接続の実現に向けた高等学校教育，大学教育，大学入学者選抜の一体改革について～すべての若者が夢や目標を芽吹かせ，未来に花開かせるために」（平成26年［2014年］12月22日）（以下「高大接続答申」という）である。

　筆者は，この高大接続特別部会に参画する機会を得たこともあり，本稿では，この高大接続答申から大学入学者選抜制度の改革の在り方について若干の考察を行うこととしたい。

第2節　高大接続改革の背景──高大接続の現状と課題

　なぜ高大接続特別部会が設置され，高等学校教育改革，大学教育改革，及び大学入学者選抜制度の改革を，一貫した理念の下で，一体的に行う必要があると考えられるに至ったのか。はじめに，高大接続の現状と課題について

検討することにしよう。

1．少子化がわが国の経済に及ぼす影響

近年，初等中等教育及び高等教育の改善に向けた取組みが強く求められてきている[1]。その背景には，1990年代初頭のバブル崩壊以降，「失われた20年」と呼ばれる経済の低成長期を経験し，わが国の将来に対する強い危機感が存在している。

とりわけ，わが国においては急激な少子化が進み，生産年齢人口の減少が顕著である。平成22年（2010年）の生産年齢人口は約8,170万人であったが，平成62年（2050年）には約5,000万人になると予想される。18歳人口も，平成4年（1992年）の約205万人を頂点に減少し，現在は約120万人前後で推移しているが，平成32年（2020年）頃からさらなる減少局面に入り，平成42年（2030年）頃には100万人を割り込む状況にある[2]。

GDP（国内総生産）は，ごく単純化すれば，一人当たりの平均的な生産力と就労人口の積で示されるから，生産年齢人口が減少すれば，それに比例してGDPも減少することになる。もしそれに抗しようとすれば，第一に生産年齢人口を増加させるか，第二に一人当たりの生産性を高めるかしかない。

第一の選択肢である生産年齢人口の回復のために，少子化対策が講じられているが，現在のところ顕著な効果が出ているわけではない。また，たとえある年から出生率が劇的に改善したとしても，それが就労人口の増加をもたらすまでには，およそ20年の歳月を必要とし，その間は，減少し続ける生産労働人口で高齢者と若年層を扶養しなければならないこととなる。そこで，短期間で生産人口の増加を図るための措置として，外国人労働力の受入れがあり得るが，諸外国の例が示すように，急激な外国人労働力の流入は，言語や宗教・文化の摩擦あるいは貧富の格差など，多くの困難な課題を生み出すおそれがある。

そこで，強く期待されているのが，第二の選択肢である労働人口一人当たりの生産性の向上である。この点，比較的単純な労働の場合，生産性の向上

1　本章は，東北大学高度教養教育・学生支援機構編『高大接続改革にどう向き合うか』に同一のタイトルで執筆された論文を再録したものである（土井，2016，文献リストは「はじめに」の末尾に記載）。著者の執筆当時の所属・肩書は現在と同じ。

は，OJT や機械化等による作業効率の改善，あるいは人員削減や賃金の切下げなどの合理化によって実現される。しかし，こうした合理化は既に相当程度試みられてきており，さらにグローバル化の進展とアジア諸国の成長に伴って，わが国は厳しい国際競争に晒されていることから，製造業を中心に生産拠点の海外移転が進んでいる。その結果，わが国は，より付加価値の高い知識集約型産業へと産業構造を転換させざるを得ない状況に直面していると考えられ，このような転換に対応するために，学校教育を通じて，高い創造性を発揮し産業にイノベーション（innovation）をもたらす人材を育成すべきであるという要求が経済界を中心に嵩じてきているのである。

2. 高等学校教育及び大学教育の課題

　平成14年（2002年）から，初等中等教育において完全週休5日制が実施され，授業時間と学習内容が大幅に削減された。それに合わせて，学びの在り方が抜本的に見直され，生きる力の育成が目指されることとなったのである。
　しかし，時を置かずして，「ゆとり教育」による学力低下との厳しい批判が起こり，また OECD が実施した学力調査 PISA（Programme for International Student Assessment）の結果も芳しくなかった。そこで，中央教育審議会は，「知識基盤型社会における生きる力」の育成を掲げ，平成19年（2007年）の学校教育法の改正（学校教育法第30条第2項など）により，①基礎的な知識・技能，②これらを活用する思考力・判断力・表現力，及び③主体的な学習態度を3要素とする新たな学力観が打ち出された。そして，平成20年（2008年）から新たな学習指導要領の下，言語活動や総合的学習などの充実が求められ，全国学力・学習状況調査を用いて，知識の活用力や探究学習を重視する方向性が推し進められてきている[3]。
　他方，大学教育については，平成20年（2008年）に，汎用的技能（competency）に着目して「学士力」という表現が用いられ，学士課程教育の構築が目指されることとなり[4]，平成24年（2012年）の中教審答申において，単位制度の実質化，アクティブ・ラーニング（active learning），GPA（Grade Point Average）の導入をはじめとする厳格な成績評価など，現在，各大学が取り組む教育課題が示された[5]。
　しかし，このような提言が打ち出されているにもかかわらず，実際の取組

みが必ずしも順調に進んでいないとの批判が存在している。例えば，確かに小・中学校においては知識の活用力や探究力を重視する教育改善が進んできており，その成果は PISA や全国学力・学習調査の結果にも反映してきている。しかし，「高等学校においては，小・中学校に比べて知識伝達型の授業に留(とど)まる傾向があり，学力の三要素を踏まえた指導がしていない」ことから，思考力・判断力・表現力や主体性を持って他者と協働する態度の育成に問題があるとの指摘がある[6]。

　また，大学教育についても，GPA の導入など制度の外観は整いつつあるものの，学生の学修時間が一向に増加していないなど内実が伴っていない，あるいは，自ら目標を持って主体的に他者と協働する姿勢など，社会が期待する能力を養成できていないといった批判がなされている[7]。

3．大学入学者選抜制度の課題

　では，なぜ高校教育や大学教育の改善が思うように進まないのか。その元凶とされたのが，大学入学者選抜制度である。

　第一に，選抜性の高い大学の入学者選抜が学力試験のみに基づいており，しかも知識偏重の出題が行われているから，高等学校の教育の在り方を変えることができないと指摘される。従来からわが国の大学入学者選抜制度に対してなされてきた典型的な批判である。

　例えば，英語については，大学入学者選抜において，読む・書く・聞く・話すという4技能を総合的に評価し得ていないから[8]，高校の英語教育が旧態依然としたものに留まるのではないか。海外留学経験や地域への貢献などの経験を大学入学者選抜で高く評価しないから，努力している高校生たちが報われないし，そもそも高校生がそのような活動に積極的に参画しないのではないか。このように，大学入学者選抜に問題があるから，高等学校において，思考力，判断力，表現力などを重視した教育が行いにくく，また高校生が挑戦的で多様な活動に参加することを阻んでいるとされる。

　さらに，知識詰め込み型の受験勉強を通じて受動的な学習態度が固着するために，大学入学後も，未知の課題に取り組むなど，主体的で能動的な学修を行おうとしないのではないか。また，入学者選抜の段階で学ぶ意欲や目的意識を適切に評価しないから，入学するや否や，課外活動などに走ってしま

い，十分な学修を行わなくなるのではないか，といった大学教育に対する弊害も指摘されているところである。

　ただ，これらの批判にはステレオタイプの嫌いもある。国立大学においても，既にAO入試などが取り入れられており，また，高等学校において基礎的教科・科目を広く履修することを重視し，5教科7科目の学力を確認することとしているため，個別学力試験の問題も，瑣末な知識を問うものではなく，思考力や表現力を試すものに改善されてきている。こうした点については，正確な現状認識に基づいて検討を行う必要がある[9]。

　他方，第二に，18歳人口の減少によって，大学入学者選抜における選抜性の低下という，比較的新たな問題が惹き起こされている。平成26年（2014年）段階で，4年制大学への進学率は51.5％，短大と合わせると56.7％に達している。そのうち，現役志願率は60.4％であるから，志願率と進学率は近接しており，大学の収容力も93.0％に達している。つまり，学校を選ばなければ，志願者のほぼ全員が大学・短大に進学できる状態であるといってよい。

　このような状況の中で，各大学は学生の獲得競争を迫られることになる。つまり，大学が学生を選抜するのではなく，志願者が大学を選抜するのである。そうなると，外的な規律が働かない限り，志願者はコストパフォーマンスの良さを追求し，同じ知名度の大学であれば，入学者選抜の負担がより軽い大学を選択することになる。その結果，学力試験の試験科目数は減り，さらには学力試験を実施しない入学者選抜が導入されることになる。また，学生の確保には囲い込み・青田買いが有効な戦術だと考えられ，附属高校，中学校，さらには小学校から幼稚園まで系列化が進み，推薦入試の枠の拡大と早期実施が生じる。

　平成26年（2014年）度入学者選抜において，国立大学では入学者の84.5％が学力試験を中心とする一般入試を受けているが，私立大学では一般入試は49.6％，推薦入試が39.7％，AO入試が10.3％を占めている[10]。もちろん，推薦入試やAO入試自体が問題なのではない。推薦入試やAO入試という形態を隠れ蓑にして，志願者の学力を十分に測らないままに入学者選抜を行う大学が相当数あるのではないかという点が問題視されるのである[11]。

　このような状況になると，大学入学者選抜による学習の動機づけが低下し，高校生は教科の学習を十分に行わなくなる可能性が高い。実際，近年の調査

では，高校生の学校外での学習時間の減少が明らかになってきている[12]。高校2年生を対象に，平日の学校外での平均学習時間（学習塾や予備校等での学習時間を含む）は，平成2年（1990年）の調査において1日93.7分であったものが，平成18年（2006年）には1日70.5分となっている。

　また，この時間の減少の仕方に特徴があり，偏差値55以上の層においては，114.9分から105.1分と減少の幅が比較的小さいのに対して，偏差値50-55の層で，112.1分から60.3分と半減近くになっているほか，偏差値50-45の層でも，89.2分から62.0分と大幅に減少している。このような特徴的な学習時間の減少から，偏差値45-55の層の高校生たちが志願する大学の入学者選抜が十分な学力保証機能を果たしていないことによるのではないかと，推測されるのである。

　もちろん，高校における学習の動機づけが，大学入学者選抜にのみ依存する在り方は教育制度として適切でない。しかし，従来そのような依存関係によって学習の動機づけが現に維持されていたにもかかわらず，代替手段が講じられないままに，大学者選抜における選抜性が急速に低下することにより，このような事態が生じてしまっていると考えられるのである。

　こうなると，社会からは，より高度な能力・資質の育成が強く求められているにもかかわらず，現実には大学生も高校生も学習しなくなっており，かえってその能力の低下を招いているのではないかという懸念が生じることになる。「いったい教育関係者は何を考えているのか。この国の将来をどうするつもりなのか。」といった可燃性の高い不満が広がる中で，これに着火したのが，平成24年（2012年）に生じた大学入試センター試験の混乱である。試験当日における「地理・歴史」と「公民」の問題冊子の配布の誤りにより3,452人が再試験を余儀なくされたことは，6教科29科目を2日間で実施するという，大学入試センター試験の多様化・実施体制が限界に達していることを明らかにした。そこで，これを契機として，高校教育と大学教育の円滑な接続を図り，大学入学者選抜の在り方を抜本的に見直すために，高大接続特別部会が設置されることになったわけである。

　このような背景から設置された高大接続特別部会の審議の対象は広範に及ぶが，高校教育や大学教育の在り方自体については，基本的に，従来の中教審答申を踏襲していることから，大学入学者選抜制度と高校における基礎学

力の評価の在り方に絞ると，その主たる検討課題は，次の4点に集約される。すなわち，第1に，選抜性の高い大学における知識偏重の学力試験をどのようにして改善するか。また，合わせて国立大学で取り組みが始まっている入学者選抜の多様化をどのようにして充実させるか。第2に，選抜性の低い大学の入学者選抜において，いかにして入学者の学力を担保するか。第3に，高校進学率が97％を超える現状において，大学進学を希望しない生徒の学習意欲をいかにして維持するか。そして，第4に，こうした課題に対応するために，大学入試センター試験をどのように改革するかである。いずれも時間をかけて真摯に取り組む必要のある重要な課題であると思われる。

◆◇◆

第3節　高大接続改革の理念と基本的枠組み

1．高大接続改革の理念

　高大接続改革の基本理念として，高大接続答申が，志願者の能力・資質の評価を多面的・多元的に行うことを掲げる点については，評価すべきであると思われる。多面的・総合的な評価の必要性は，1970年代から主張されてきているところであり，学力も，知識の正確な習得だけでなく，思考力や判断力等を含めて評価されるべきであり，また学力以外の能力・資質についても考慮して入学者選抜を行うことが合理的であろう。

　ただ，高大接続答申において，次のように述べられている点については，慎重な対応が必要である。

　「18歳頃における一度限りの一斉受験という特殊な行事が，長い人生航路における最大の分岐点であり目標であるとする，我が国の社会全体に深く根を張った従来型の『大学入試』や，その背景にある，画一的な一斉試験で正答に関する知識の再生を一点刻みに問い，その結果の点数のみに依拠した選抜を行うことが公平であるとする，『公平性』の観念という桎梏は断ち切らねばならない」[13]。

　「既存の『大学入試』と『公平性』に関する意識を改革し，年齢，性別，国籍，文化，障害の有無，地域の違い，家庭環境等の多様な背景を持つ一人ひとりが，高等学校までに積み上げてきた多様な力を，多様な方法で『公

正』に評価して選抜するという意識に立たなければならない」[14]。

　確かに，大学者入学選抜において，ごくわずかの点数の差で合否が決まることがある点は事実である。京都大学の入学者選抜においても，大学入試センター試験と個別学力試験との間で傾斜配点を行っていることもあり，合格者最低点と不合格者最高点の差が1点に満たないことがある。この僅少な点数差に人生を左右するほどの大きな意義があるのかと問われれば，誰しも疑問を感じるであろう。また，学力試験において同じ成績を収めたとしても，受験勉強ばかりをしていた者と部活動やボランティア活動などにも熱心に取り組んだ者とでは，その意味が違うのではないかという指摘も理解できるところである。その意味で，答申の指摘には心情として共感するところが多い。

　しかし，各大学の入学者選抜の基準が明確で，それに基づいて各受験生が自らの能力を事前にある程度判定をした上で出願を行うとすれば，入学定員が適正である限り，どのような選抜方法を採ろうとも，各大学・学部の合否ライン前後の志願者の能力・資質にそれほど大きな差は生じないであろう。面接や集団討論の評価あるいは調査書に基づく評価などを導入しても，それを点数化して学力検査の結果と合算し総合判定を行えば，結局，微妙な点数差で合否が決まることに変わりはないかもしれない。

　議論を混乱させないためには，能力・資質の評価を多面的に行うこと及び評価の手法を多元化させることと，合否がどの程度の点数差により決まるかは別問題であることを明確にしておく必要がある。後者は，大学入学者選抜において入学定員管理が行われる以上，いかんともし難い問題であり[15]，むしろ，合否を画する能力・資質の差がそれほど大きいわけではないという事実を踏まえて，大学の偏差値序列を相対化して捉えるなど，社会の側の認識を改めることで解決すべき面が大きいように思われる。

　また，確かに，各大学・学部が受験機会を複数化することには，評価の多面性・多元性を確保する上で，一定の意義があると思われる。しかし，時として誤解されやすいが，受験機会の複数化によって，志願する大学・学部に合格する可能性が当然に高まるわけではない。もちろん，受験時に体調不良等に陥った者については，受験機会が複数化すれば，体調を回復させて受験することにより，合格する可能性は高まるであろう。しかし，一般的には，受験機会を複数化しても，入学定員と実志願者数が変わらないかぎり，入学

定員が細かく割り振られるだけであるから，受験機会が1回の場合と比較して，不合格者の実数に変わりはなく，ただその延べ数が増加することになる。結局，狭き門が広がるわけではなく，より狭い門が複数できて，それを何度か叩く必要が増えるだけである。1度の受験機会がもたらす心理的負担と，何度も受験を繰り返す心理的負担のいずれが重いかは一義的に決まるものではないし，受験機会の複数化により，高等学校教育に及ぼす影響も看過してはならない[16]。

　他方，受験機会が複数化すれば，他大学との併願が広く認められる可能性が高まる。しかし，志願者がいくつもの大学を受験し合格し，少しでも偏差値が上位の大学に進学することを求めるとするならば，各大学の序列は今後より一層顕著に進む可能性がある。制度が置かれる環境要因を十分に考慮しないと，制度改革は思わぬ弊害をもたらすことになる点に留意しなければならない。

　したがって，心情はわかるとしても，大学入学者選抜が抱える問題の所在をより明確にし，現実に用いることができる公正な評価方法を実証的に検討する必要がある。高大接続答申においては，「『公平性』の観念という桎梏は断ち切らねばならない」[17]と強い調子で述べられているが，社会が試験制度に対して抱く公平性の観念が，一朝一夕で大きく変わるわけではない。例えば，新たな法曹養成制度として導入された法科大学院制度と司法試験及び司法試験予備試験との関係についても，制度導入から既に10年以上が経過した現時点においても，様々な問題を抱え続けている。もし，社会の「公平性」の観念が変わらなければ，新たな大学入学者選抜制度が不公平であると厳しい批判を受け，わが国の高等教育に対する信頼を揺るがすおそれがある以上，今回の高大接続改革は，社会的コンセンサスを形成しつつ，着実に進めることが肝要である。

2．高大接続改革の基本的枠組み

　高大接続答申が示す高大接続改革は，「高等学校基礎学力テスト（仮称）」（以下「基礎学力テスト」という）と「大学入学希望者学力評価テスト（仮称）」（以下「学力評価テスト」という）の二つの新しいテストの導入と，各大学の個別入学者選抜改革という三つの柱から成っている。そこで，以下，

順にそれぞれ検討を行うことにする。

2.1. 「基礎学力テスト」の導入

2.1.1. 基礎学力テストの目的と方向性

　基礎学力テストは，すべての高校生について，学習意欲を高め，高校教育を通じて身に付けるべき基礎的学力の習得を証明する目的で導入されるものである。したがって，本テストは，大学進学のための学力評価を本来の目的とするものではないが，高大接続答申においては，選抜性の低い大学の入学者選抜や就職において，調査書等と共に，高等学校での学習成果を確認する方法として用いられることが想定されていた[18]。

　しかし，この点に対しては，一つのテストに相異なる複数の目的を設定することにより，試験の内容や水準，試験時期の設定，受検料徴収の可否及び作題・実施体制の在り方等に混乱が生じるのではないかとの指摘があった。これを受けて，高大接続システム会議の「中間まとめ」（以下「中間まとめ」という）においては，平成31年（2019年）度から平成34年（2022年）度を試行実施期間と位置付け，この期間は原則，基礎学力テストの結果を大学入学者選抜や就職には用いないとしている。また，平成35年（2023年）度以降についても，本テストの定着状況を見つつ，高校生の学習意欲や進路実現への影響等に関するメリット及びデメリットを十分に吟味しながら，高等学校や大学，企業などの関係者の意見も踏まえて，更に検討を行うこととされており，より本来の目的に力点を置く形になっている[19]。

　基礎学力テストを，高校教育において基礎学力を確実に修得させるために，生徒の学習の動機づけと教員による教育方法の改善に役立てるのであれば，たとえ強制ではなくとも，対象となる学力水準の高校あるいは生徒ができる限り多く参加できるものにすることが，なによりも重要である。活用方法を拡げることによって，生徒による受験を積極的に促進する効果も期待できないわけではないが，制度の円滑な導入と安定化のためには，各学校及び教育委員会が，このテストの意義を評価し，積極的に参加し得るものにすることに注力すべきであろう。また，出題，採点等の負担を考えると，試験の実施も大学関係者ではなく，高等学校関係者を中心に行うことができるようにすべきであり，「中間まとめ」が示す方向性は，基本的に妥当ではないかと思

われる。

2.1.2. 基礎学力テストの受検者

また，このような観点に立って，「中間まとめ」においては，学校単位の参加を基本としつつ，生徒個人の希望に応じた受検も可能とするとされている[20]。受検はあくまで学校又は生徒個人単位の希望によるもので，このテストを受検し一定の成績を収めることが高校卒業の要件になるわけではない。

2.1.3. 基礎学力テストの対象教科・科目

テストの対象教科・科目は，「国語総合」「数学Ⅰ」などの高等学校の必履修科目とすることが想定されている。「中間まとめ」では，平成31年（2019年）度の導入当初は，国語，数学，英語の3教科で実施することとし，地歴・公民科や理科等については，次期学習指導要領の改訂を踏まえて，追加導入することが示されている。地歴・公民科等の学習指導要領の改訂に際して必履修科目の見直しが検討されている点，及び着実な制度の導入を図るべき点を鑑みれば，合理的な選択であると思われる。

2.1.4. 基礎学力テストの出題内容

出題内容については，「高大接続答申」の段階では，知識・技能の確実な習得を重視しつつ，高難度の問題から低難度の問題まで広範囲の難易度の出題を行うこととされていた[21]。しかし，「中間まとめ」においては，高校生全体のうち，平均的な学力層や，学力面で課題のある層を主な対象として出題することとし，問題の作成等に当たっては，学力面で課題のある層の学習意欲を高めることを念頭に置きながら，難易度や出題範囲の在り方について特段の配慮を行うことが必要であるとされている[22]。この点は，「学力評価テスト」の在り方にも影響を及ぼすものであるが，基礎学力テストの主たる目的に照らせば，適切な方向性であると考えられる。

2.1.5. 基礎学力テストの解答方式

解答方式については，知識・技能の確実な習得の確認を中心とするテストであるので，正誤式や多肢選択式を原則とし，記述式の導入を目指すとされ

ている。思考力・判断力・表現力等を判定するためには，記述式の導入が適切であるが，採点者の確保や，採点の公平性・信頼性の確保などの問題も指摘されている。ただ，大学入学者選抜における利用を想定せず，またテストの趣旨が 2.1.1 で示したように明確になれば，本テストにおける記述式の導入は，「学力評価テスト」よりも比較的円滑に進められるかもしれない。

2.1.6.　年複数回実施の技術的基盤

さらに，本テストは年複数回実施が目指されており，項目応答理論（Item Response Theory）に基づく CBT（Computer based Test）の導入が計画されている。項目応答理論による試験の特徴は，第 1 に，各項目つまり各設問が相互に独立していること，第 2 に，試行テスト等により，各設問について正答確率と項目弁別力が事前に明らかになっていること，及び，第 3 に，そうした設問を大量に蓄積して，そこから問題を抽出して出題し，それに対する解答を統計的手法により解析し，正答率等を評価することにある。問題を大量に蓄積し設問の組合せを多様にすることでテストの複数回実施が可能になり，また項目応答理論により，複数回実施されるテスト間での難易度の格差に関する問題を解消しようとするものである。また，これによって，作題に高校の教員の協力を得ることが可能になるというメリットもある。

この IRT 及び CBT をめぐる最大の問題は，その導入時期にある。この点については，「中間まとめ」においても明確な見通しが示されていない。CBT の導入は，それ自体に技術的・財政的問題があると同時に，日々の学校教育における ICT の導入・活用の問題とも関係することから，広く一般の理解を得つつ，導入に向けて着実に検討を進めることが重要である。

2.2.　「学力評価テスト」の導入
2.2.1.　学力評価テストの目的と方向性

次に，学力評価テストは，大学入学希望者が大学教育を受けるために必要な能力を有するか否かを評価することを目的とするものである。

試験の内容は，「知識・技能を活用して，自ら課題を発見し，その解決に向けて探究し，成果等を表現するために必要な思考力・判断力・表現力等の能力」[23)] を中心に評価するものとされ，「大学入学に向けた学びを，知識や解

法パターンの単なる暗記・適用などの受動的なものから，学んだ知識や技能を統合しながら問題の発見・解決に取り組む，より能動的なものへと改革する」[24)] ことが目指されている。

　このような方針は基本的に適切であり，一問一答方式による知識の確認のための出題は，一定の比率に抑えるべきであろう。もちろん，知識を整理して記憶し，必要に応じて適切に引き出せることは，学びの基本を構成する非常に重要な能力であり，これを決して軽視してはならない。先人たちが見出し，積み重ねてきた叡智を引き継ぎ，それを活かしていくことは，依然として学びの重要な部分を占めている。また，知識を整理して確実に記憶することができるようになるためには，一定の知的訓練が必要であり，またそのような訓練を通じて，真面目さや正確さなど学びに必要な姿勢・態度も形成されるのである。そうした知的訓練の基礎の上にはじめて，創造性が発展し得ることを忘れてはならない。

　しかし，一定の記憶力の水準を超える志願者を対象として，その知識の記憶量だけを基準に選抜を行おうとすると，瑣末な知識の記憶を強いることになり，効率的ではない。このような場合には，さらなる知識の習得を求めるよりも，他の能力の獲得を求める方が，学習の効用は大きくなる。とりわけ，近時は ICT が目覚ましく進歩し，情報の蓄積・検索が容易になってきていることに鑑みれば，記憶力が学習に占めるウエイトは相対的に低くなる傾向にあるといってよいであろう。

　その意味で，思考力・判断力・表現力などを重視することには十分な合理的理由がある。既にこれらの能力を試すための出題として，いくつかの案が公表されており[25)]，注目すべき内容となっている。今後，さらなる検討が進むことになろうが，その際には，思考力や判断力は，実質的内容から切り離されれば離されるほど，形式化し空虚なものになりかねない点に留意が必要である。形式論理を適切に適用できることは学習の基本であるが，それ自体が目的ではない。人はただ考えるのではなく，何かについて考えるのであり，そして，その多くは先験的な論理操作ではなく，経験を基礎として行われるのである。多くの学問分野は，中核となる概念・価値及び思考の方法を基礎として，当該学問分野に特有の見方・考え方を構築しおり，個々の知識はこの基本構造の上に意義を有している。

　したがって，こうした基本構造から切り離した形で瑣末な知識の習得を求めることは適切ではないが，他方，これらの構造と独立に思考力，判断力を問うことにも限界がある。この点を看過して，思考力や判断力を抽象的に評価しようとし過ぎると，いわゆるIQ検査に近づくことになり，高等学校における学習の達成度を基礎として学力を評価しようとしているのか，学習の適性あるいは潜在的能力を評価しようとしているのか，不明確になるおそれがある。昭和20年代に用いられていた進学適性検査の経験も踏まえて，学力評価テストの位置づけを明確にする必要がある。

　なお，試験の在り方を絶えず検証し，必要な改善を加えることは重要であるが，しかし，試験に対する過度の期待は厳に慎むべきである。繰り返し述べているように，試験において過度に知識の習得を要求することによって他の必要な学びを妨げる事態を改善することが，今般の高大接続改革の眼目の一つであり，また一定の学習を誘導するような出題を試みることが高等学校や大学の教育改善に役立つことも確かである。

　しかし，1時間あるいは2時間を単位として実施される試験で，学んだ知識や技能を統合しながら問題の発見・解決に取り組むことができるかどうかを的確に判断することは，非常に困難であると言わざるを得ない。情報処理が的確でその速度が速いということが創造性ではないし，機転が利くことが独創性を意味するわけではない。人を育て評価することには，物を製造し検査することとは異なる難しさがある。そうした認識の上に，試験制度だけでなく，プロセスとしての教育課程を改善し，それに対する信頼を高めることが，教育の本道であることを，社会において広く共有するようにしていく必要があろう。

2.2.2.　学力評価テストの出題分野

　試験科目について，高大接続答申は，高等学校における教科・科目に対応する「教科型」に加えて，「合教科・科目型」「総合型」の問題を組み合せて出題し，将来は「合教科・科目型」「総合型」のみの出題とするとしている。また，思考力や判断力等の能力を評価する試験であるから，多肢選択方式だけでなく，記述式を導入するとされている。

　高大接続答申が抱える最も大きな問題点は，基礎学力テストと学力評価テ

ストの二つのテストの相互関係と大学選抜での利用方法について，細部を十分に整理しきれなかった点にある。

　例えば，基礎学力テストを各教科の知識・技能の習得を確認するテストとし，学力評価テストを思考力・判断力・表現力などのコンピテンシー（competency）や教科横断的な総合力を確認するテストとして区別するとしよう。確かに，前者の知識・技能が後者の思考力や総合力等の基礎であるということはできるかもしれない。しかし，そのことは，前者で確認する知識・技能が初歩的な内容でよいということにはならない。選抜性の高い研究大学，とりわけ高等学校での学習に教育内容を積み上げる必要が高い理系学部では，高度な水準の知識・技能が要求されることになる。あるいは逆に，将来企業等で働く者にとっては，それほど高度な専門的知識・技能が要求されるわけではなく，むしろ思考力・判断力・表現力などが大切になるかもしれない。そうなると，各教科の知識・技能の習得を確認するテストも，また思考力や総合力等を試すテストも，共に難易度に幅のある出題をすることが求められることにならざるを得ない。

　この点，高大接続答申は，第一義的には，二つのテストを，高校における基礎学力を確認するものと大学教育を受ける能力を確認するものに区別している。にもかかわらず，このテストの利用目的に関する区別と，上記の評価の対象となる能力・資質に関する区別を直結させようとしている点に，整理を難しくしている要因がある。

　例えば，基礎学力テストを，大学に進学しない者を含めて，すべての高校生が習得すべき基礎学力を担保する試験にしようとすれば，現在の高校の実情を踏まえる限り，出題範囲を必履修科目に限定すべきとの意見は合理的である。しかし，基礎学力テストをそのように位置付ける一方で，学力評価テストを思考力・判断力等を試す「合教科・科目型」「総合型」のテストにすることになれば，必履修科目以外の科目の知識・技能の確認はどうするのかという問題が生じる。

　加えて，高大接続特別部会での審議を難しくした要因は，センター試験で多様化しすぎた科目の整理が必要である上に，二つの共通テストについて複数回受験を認めるためには，試験業務を合理化し，受験生の負担を緩和することが必要となり，各テストの試験期日を短くしなければならなくなる点に

ある。「合教科・科目型」等の出題が目指された背景には，このような要因もあったのである。

　この点について，高大接続システム会議の「中間まとめ」は，先にも触れたように，各テストの利用目的による区別をより一層明確にし，それに沿った制度設計を目指しているように思われる。対象教科・科目等については，思考力・判断力・表現力等の判定を重視する出題とし，試験科目数もできる限り簡素化することが述べられているが，基本は，高等学校における教科・科目を基礎として試験科目が設定されるものと理解できる[26]。このこと自体は，「学力評価テスト」の円滑な導入と安定的な運用の観点から，合理的な選択として高く評価されよう。

　ただ，従来，高校の教育課程において，科目が細分化され，選択科目が増えることにより，大学入試センター試験の出題がタコツボ化するという弊害が指摘されてきたところである。したがって，「中間まとめ」にも記されているように，必履修科目で取扱う内容を中心に合教科・科目的な出題が行われる可能性を認める方向で検討されるべきであろうし，次期学習指導要領において，「数理探究（仮称)」や地歴・公民科の新たな必履修科目の設定が行われれば，合教科・科目的な出題を行う余地は従来よりも広まると考えられる。「中間まとめ」は，平成32年（2020年）〜平成35年（2023年）度と平成36年（2024年）度以降の二つに期間を区分して段階的実施の案を示しているが，このような着実かつ実証的な手法で，新たな試みに積極的に取り組むことが求められているといえよう。

2.2.3.　学力評価テストの出題形式，成績表示

　出題形式として記述式問題やCBTの導入については，基礎学力テストの場合と同様の問題がある。また，IRTに基づくテストの成績は，正答した各設問の配点を積み上げる素点方式で算出するわけではないので，一定のランク・段階で表示することになるが，大学入学者選抜において実効的に利用できるものにする必要がある。

　いずれにしても，学力評価テストは大学入学者選抜に直接用いられることから，選抜資料としての有効性及び試験実施の公正・公平性の確保についてより一層配慮しつつ，取組みを進めることが必要となろう。

2.3. 各大学における個別選抜の改革

2.3.1. アドミッション・ポリシーとその具体化

　各大学における個別選抜の改善として，アドミッション・ポリシーを，ディプロマ・ポリシーやカリキュラム・ポリシーと有機的に連携させて，より具体化・明確化することが求められている。これまでの各種ポリシーがかなり抽象度の高いもので，実用性に乏しかった点は率直に反省する必要があり，各大学・学部においてこのような検討を進めることは適当である。

　しかし，重要なのは，教育活動において，志願者，在学生そして卒業生の実態を把握し，教育目的に照らして教育課程を的確に編成し，そのために入学までにどのような能力・技能の習得を求め，教育課程における達成目標をどのように設定するかを不断に検証する思考であって，文書それ自体を整えることではない。この点を誤ると，各種ポリシーは理想を美しく語るイメージ戦略の競い合いか，ガイドラインに示された事項について最低限のことを形式的に記載することになりかねない。

　また，求められる能力・資質やその水準を抽象的に表現することはとても難しい作業である上に，一律に多様な人材の確保を求めることになると，各大学のアドミッション・ポリシーにおいて記載される能力・資質等は網羅的になってしまい，各大学の個性が表現されないというディレンマもある。

　さらに，根本を問うならば，各大学が，その個性に合わせて，アドミッション・ポリシーをより具体的で明確なものとしたとして，各高等学校において，各大学の志願者ごとにそれに合った教育を行うことが果たしてできるのだろうか。本当の意味で高大接続改革を行うのであれば，各大学の個性は尊重しつつも，ミッションが近い大学あるいは学問分野ごとに，ある程度連携をして，学習指導要領の検討に積極的に提言を行ったり，高等学校や教育委員会等と意見交換の場を持ったりするなど，協働して仕組みを動かす場を作っていくことが重要ではないかと思われる。

2.3.2. 個別試験における学力試験の位置づけ

　高大接続特別部会における個別選抜に関する審議において重要な争点となったのは，第一に，学力評価テストとは別に，各大学が個別選抜において独自の学力試験を行うことを認めるか否か，そして，第二に，多元的な選抜

は，当該大学・学部において複数の入学者選抜の方法を組み合わせて（例えば，学力試験を重視する選抜枠と，評価書や面接等を重視する選抜枠を組み合わせて），全体として実現すればよいのか，すべての志願者を対象として，一律に小論文，面接，調査書等を活用した多元的評価が求められるのか，であった。

特別部会において有力な意見は，教科・科目の学力試験はすべて新テストに一元化し，個別選抜では学力試験を実施しない方向で検討すべきであり，また，その結果として，すべての志願者に対して多元的評価を行うのが適当であるとするものであった。

第一に，なぜ個別選抜で学力試験を課すことが適切でないかであるが，現在，わが国には約780校の大学が存在し，さらに，学部ごとに学力試験を実施している大学が相当な割合を占め，また各年度に複数回学力試験を実施している大学が一般的である。したがって，毎年度，膨大な数の学力試験問題が作られ，そのために大学教員が膨大な労力を費やしている。しかし，果たしてここまでの労力を費やす必要があるのかどうか。教養部の解体や教員定員の削減なども相まって，実際に，問題の質の維持が困難になったり，作題の負担に耐えられなくなったりしている大学も相当数に上ることに鑑みれば，大学が互いに協力して，学力試験を効率的に実施するのが合理的選択であろう。長期的には，このような方向性を追求することが，大学教員をできる限り教育研究に専念させるために必要な環境整備である。

ただ，すべての大学が直ちに学力試験を共通化するのが適当かどうかは議論の余地がある。研究を中心とする大学においては，教育において高度な学問的水準を維持することが求められ，それに堪え得る学力を独自に測りたいという要望がある。難易度の設定にもよるが，思考力・判断力・表現力などを試すためには，本格的な記述式・論述式試験の方がより適切であろう。

もちろん，今後，学力評価テストが実績を重ね，個別の学力試験を課さなくとも各大学が必要とする学力を十分に測れることが実証されれば，何も屋上屋を重ねる必要はない。しかし，学力評価テストについては未だ具体像が明確になっていず，またそれが実施に移されたとしても，当面は実証的に検討し改善すべき点が生じるであろうことが予想される段階で，個別選抜における学力試験の廃止を決めることには無理がある。

そもそも，今回の高大接続改革は，一方で，大学進学を希望せず，従来大学入試センター試験を受験していない者を含めて高校教育の質保証を行うことを意図し，他方で，上位層の学力をより高めることを目的にしているのであるから，全体として測定する学力の幅が広がる方向に向かっている。したがって，本来であれば，学力試験はより多元化する方向に動くはずなのであって，にわかに入学者選抜における学力試験を全大学で一元化することは困難である。長期的に学力試験の共通化を図っていくとしても，テストの水準を複数段階化するなどの方策は検討する必要があろう。

　この点，高大接続答申では，個別選抜において「新テストに加え，思考力・判断力・表現力を評価するため，自分の考えに基づき論を立てて記述する形式の学力評価を個別に課すこともあってよい」[27]とされていたが，「中間まとめ」においては，各大学のアドミッション・ポリシーに基づいて適切に学力評価を行うために，個別の入学者選抜において，特定の教科・科目の「知識・技能」「思考力・判断力・表現力」について評価する方法も活用することはあってもよい」[28]とされている。ただ，今後，個別選抜において学力試験を維持する場合には，少なくとも，学力評価テストとの役割分担を明確にし，より知識と思考力・判断力・表現力等を総合的に評価する試験として工夫する必要があるのではないかと思われる。

　次に，多元的評価，丁寧な選抜については，理念として基本的に理解できるものである。しかし，平成27年（2015年）度入試において大規模私学の志願者数は10万人を超えており，京都大学でも8,000人を超える志願者がいる以上，現状で，これらすべてに対して多元的評価を丁寧に実施することは，人的あるいは時間的制約等から困難である。それを敢えて求めるのであれば，入学者選抜の専門スタッフの大幅な増員，大規模私学における入学定員の抜本的見直し，あるいは秋入学の検討など，かなり大きな問題が生じる可能性がある。もし十分な実施態勢が整わないままに見切り発車するのであれば，結局，学力評価テストの結果により第1次段階選抜を大規模に実施せざるを得なくなるであろう。

　また，丁寧な選抜ということで，よく企業の採用試験が引き合いに出されるが，学生たちが多大な時間を使って就職活動に奔走している現実を目の当たりにするかぎり，これと同じことを高校生に求めることが適切なのだろう

かと訝しくなる。

　そもそも，多元的評価を効果的に実施するためには，大学と高校が十分な連携を構築してく必要があるのであるから，国が一定の選抜方法を一律に要求するのではなく，各大学のこれまでの努力や今後の創意工夫を尊重して，多様な多元的評価方法を認めていくことが適切である[29]。

◆◇◆
第4節　むすびにかえて

　高大接続はわが国の高校・大学教育に重大な影響を及ぼす課題である。それだけに，最終的にどのような方向を目指すのかという理念・目標を明確にするとともに，入学者選抜の実務に混乱を生じさせないように，着実な実施と実証的な検討を積み重ねて，その目標を実現していくことが求められる。

　今回の高大接続答申は，この二つのことが渾然一体となって記されていることから，高大接続システム会議において，それをさらに読み解いて，現実の制度設計を明確にする作業が進められている。今後，各大学が高等学校や教育委員会等と十分に連携を図りつつ，目標に向かって着実に創意工夫を重ねていくことが必要である。

　そして，その際には，3世紀のローマの歴史から紡ぎ出された次の警句を心しておくべきであろう。

　「それ以前の数々の危機と三世紀の危機は，『危機』（crisis）という言葉は同じでも，性質ならばまったくちがってくるからである。…自分たち本来のやり方で苦労しながらも危機を克服できた時代のローマ人と，目前の危機に対応することに精いっぱいで，そのために自分たちの本質まで変えた結果，危機はますます深刻化するしかなかった時代のローマ人，のちがいである」[30]

　思考力・判断力・表現力を伸ばし，創造性を高めていくことは，わが国の教育にとって重要な課題である。しかし，それを実現していくことは，決して容易なことではない。そのための教育方法が既に明らかになっており，それを導入すれば容易に実現することができるのであれば，例えば，企業における研修等で実施さえすれば，創造性豊かな社員が社会に満ち溢れることに

なるだろう。が，それができないから，これほど大掛かりな教育改革が望まれることになるのである。ということは，これほどまで熱心に改革が求められているにもかかわらず，しかしそれを実現するための確たる方法を誰も知らないことを意味するのである。

　確かに，新しいものを手にするためには，古いものを手放さなければならない。しかし，新しいものが価値あるものかは，手にしてみなければわからないし，それが成果を生むにはさらなる時間がかかるかもしれない。そうなれば，古いものを手放したが，新しいものも十分に成果を生まないという，いまよりも厳しい時期がしばらく続くことになるだろう。果たして，日本社会はそれに堪えるだけの覚悟があるのかどうか。

　「危機の打開に妙薬はない。…やらなければならないことはわかっているのだから，当事者が誰になろうと，それをやり続けるしかないのだ。『やる』ことよりも，『やりつづける』ことのほうが重要である。なぜなら，政策は継続して行われないと，それは他の面での力の無駄使いにつながり，おかげで危機はなお一層深刻化する」[31]

　結局は，お互いに協力して，真面目に忍耐強く努力を重ねること，つまりは自分たち本来のやり方で苦労しながらも危機を克服するしかないのであろう。そのような厳しい道こそが，「すべての若者が夢や目標を芽吹かせ，未来に花開かせるために」，我々が歩むべき道なのではないだろうか。

文　献

1 ）中央教育審議会（2014）．「高大接続（答申）」2-9頁を参照
2 ）中央教育審議会（2014）．「高大接続（答申）」参考資料50-52頁を参照
3 ）中央教育審議会（2008）．「幼稚園，小学校，高等学校及び特別支援学校の学習指導要領等の改善について（答申）」（平成20［2008］年1月17日）を参照
4 ）中央教育審議会大学分科会制度・教育部会（2008）．「学士課程教育の構築に向けて（審議のまとめ）」（平成20［2008］年3月25日）を参照
5 ）中央審議会（2012）．「新たな未来を築くための大学教育の質的転換に向けて～生涯学び続け，主体的に考える力を育成する大学へ～（答申）」（平成24［2012］年8月28日）を参照
6 ）中央教育審議会（2014）．「高大接続（答申）」4-5頁を参照
7 ）中央教育審議会（2014）．「高大接続（答申）」5頁を参照
8 ）中央教育審議会（2014）．「高大接続（答申）」12頁参照
9 ）里見　進他（2016）．新年座談会「2020年への展望」IDE現代の高等教育2016年1

月号（平成28［2016］年）7-8頁（里見 進発言）を参照

10）中央教育審議会（2014）.「高大接続（答申）」参考資料85頁を参照

11）こうした状況については，佐々木 隆生（2012）.『大学入試の終焉』北海道出版会，4-24頁を参照

12）Benesse教育総合研究所「第1〜4回学習基本調査　国内調査〔高校生版〕」

13）中央教育審議会（2014）.「高大接続（答申）」5頁

14）中央教育審議会（2014）.「高大接続（答申）」8頁

15）倉元 直樹（2014）.「達成度テストと大学入試センター試験」東北大学高等教育開発推進センター（編）『「書く力」を伸ばす──高大接続における取組みと課題──』東北大学出版会　196頁（本書第1部第3章52頁）を参照

16）倉元・前掲注15・192-194頁（本書第1部第3章48-50頁）を参照

17）中央教育審議会（2014）.「高大接続（答申）」8頁を参照

18）中央教育審議会（2014）.「高大接続（答申）」18頁を参照

19）高大接続システム改革会議（2015）.「中間まとめ」24頁を参照

20）高大接続システム改革会議（2015）.「中間まとめ」15-16頁を参照

21）中央教育審議会（2014）.「高大接続（答申）」18頁を参照

22）高大接続システム改革会議（2015）.「中間まとめ」17頁を参照

23）中央教育審議会（2014）.「高大接続（答申）」15頁

24）中央教育審議会（2014）.「中間まとめ」40頁

25）高大接続システム会議（第9回）配布資料，（http://www.mext.go.jp/b_menu/shin-gi/chousa/shougai/033/shiryo/1365554.htm　最終閲覧日2016年1月5日）.

26）高大接続システム改革会議（2015）.「中間まとめ」41-42頁を参照

27）中央教育審議会（2014）.「高大接続（答申）」13頁

28）高大接続システム改革会議（2015）.「中間まとめ」36頁

29）里見 進他・前掲注9）8頁参照

30）塩野 七生（2003）.『ローマ人の物語Ⅻ　迷走する帝国』新潮社　9頁

31）塩野 七生（2010）.『日本人へ　リーダー篇』文芸春秋　37頁

第2章

大学入試センター試験はなぜ廃止の危機に至ったのか[1]

東北大学高度教養教育・学生支援機構　教授　**倉元　直樹**

第1節　問題

　平成26年（2014年）12月22日に発表された「新しい時代にふさわしい高大接続の実現に向けた高等学校教育，大学教育，大学入学者選抜の一体的改革について」と題した中教審答申（以下，「高大接続答申」）では「現行の大学入試センター試験（以下，『センター試験』）を廃止し，大学で学ぶための力のうち，特に『思考力・判断力・表現力』を中心に評価する新テスト『大学入学希望者学力評価テスト（仮称）』（以下，『学力評価テスト』）の導入が上申された（中央教育審議会，2014）。実際に廃止されれば，最も長く続いた共通試験が終わり，日本の教育は歴史的大転換期を迎えることになる。

　センター試験制度に解決困難な課題が存在することが共通認識であったとしても，即座に廃止すべきという判断は唐突に見える。同答申は「大学入試センター試験は『知識・技能』を問う問題が中心（p.14）」であるために廃止し，「『知識・技能を活用して，自ら課題を発見し，その解決に向けて探究し，成果等を表現するために必要な思考力・判断力・表現力等の能力』（『思考力・判断力・表現力』）を中心に評価する（p.15）」学力評価テストを実施すると謳った。学力評価テストの在り方として合教科・科目型，総合型，記述式の導入，年複数回実施，段階別表示による成績提供，CBT，広範囲の難易度，英語には四技能を総合的に評価，民間の資格・検定試験の活用等が提

1　本章は，『大学入試研究ジャーナル』第27巻に「大学入試制度改革の論理に関する一考察──大学入試センター試験はなぜ廃止の危機に至ったのか──」と題して掲載された文章を再録したものである（倉元，2017b，文献リストは「はじめに」の末尾に記載）。著者の執筆当時の所属・肩書は現在と同じ。

言された。

　本稿ではセンター試験廃止に関わる議論をひも解き，大学入試改革を巡る議論の無意識の論理に迫る。

◆◇◆
第２節　センター試験の実像

　センター試験廃止の論拠について検討を加える前に，センター試験の実情について，いくつかの角度から，その全体像を把握しておく必要がある。

１．センター試験の位置づけ

　センター試験の実施機関について定めた独立行政法人大学入試センター法第13条第１項によれば，大学入試センターは「大学に入学を志願する者の高等学校の段階における基礎的な学習の達成の程度を判定することを主たる目的として大学が共同して実施することとする試験（傍点筆者）」，すなわち，センター試験に関して「問題の作成及び採点その他一括して処理することが適当な業務を行う」組織と位置づけられている。それを手掛かりに日本のテストの指針を定めたテスト・スタンダード（日本テスト学会，2007）の基本条項「1.1 テストの基本設計」に従ってセンター試験の性格を記述すると，
　（１）目的：大学入学者選抜に利用
　（２）受検者層：利用大学等の入学志願者
　（３）測定内容：高校段階における基礎的学習の達成程度
といったことになるだろう。また，「0.4 テスト基準の対象者」の概念に則って大学入試センターと大学との役割を描くと，大学入試センターは「開発者，頒布者，実施者，管理者」であり，大学は「実施者，利用者，管理者」という位置づけとなる。

２．センター試験の規模

　平成28年度（2016年度）入試におけるセンター試験の志願者数は563,768名（うち，受験者数536,722名）に上る（独立行政法人大学入試センター，2015a）。参加大学数は693大学（国立82大学，公立84大学，私立527大学）と

過去最高に達し，短期大学数は157大学であった（独立行政法人大学入試センター，2015b）。本試験の試験場は693試験場（学内試験場621，学外試験場等72）となっている（独立行政法人大学入試センター，2015c）。平成24年度（2012年度）入試においては，試験室の総数は9,843室であった（平成24年度大学入試センター試験に関する検証委員会，2012）。実施者数については公表資料に基づく実数は入手できなかったが，例えば，平成24年度（2012年度）入試において「1大学あたりに配置される試験監督者総数（監督者説明会の出席予定者総数）の平均を国公私別に見ると，国立は約250名，公私立は70名台（平成24年度大学入試センター試験に関する検証委員会，2012，p.6）」とあることから，試験実施本部要員，監督者，監督補助者，試験場警備要員等を含めて，当日実施者としてセンター試験に携わる人数は少なくとも6～7万人規模に達するものと推測される。数百名におよぶ作題担当者，点検担当者，約100名の大学入試センター職員等を含め，センター試験は実施者として直接関与する者が数万人，受験者が50万人を超える規模に上る。なお，監督者等が事前に精通しておくべき監督要領は200頁を超える。

3．センター試験の受験料と運営経費

　平成28年度（2016年度）入試の時点では，3教科以上受験者の検定料が18,000円，2教科以下受験者が12,000円である。成績通知を希望する場合には，それぞれ成績通知手数料800円が上乗せされる。

　大学入試センターの運営経費の9割以上は検定料と成績通知手数料の収入で賄われる。それと大学が支払う成績請求手数料[1]が収入源である。平成27年（2015年）度の大学入試センター予算は約112億4,800万円であった（独立行政法人大学入試センター，2015d，p.15）。

4．センター試験の出題教科・科目数，時間割等

　本試験は毎年1月中旬の週末2日間で実施される[2]。1週間後の追試験はせいぜい数百名程度の規模である。

　平成28年度（2016年度）入試では6教科30科目[3]が八つの時間帯[4]で実施された。「外国語」と「数学②」の時間帯には，別冊子科目が計6科目実施されている。

両日とも2科目受験者の試験開始時刻が9:30，試験終了時刻は第1日が18:10，第2日が17:40といった時間割が組まれている（独立行政法人大学入試センター，2015d，p.7）。ちなみに，センター試験前身の共通第1次学力試験（以下，『共通1次』と略記）の初期においては，第1日の試験開始時刻は12:00，第2日が9:00，終了時刻が両日とも16:30であり，現行のセンター試験よりはかなりコンパクトだったことがうかがえる（安野，2010，p.403）。

5．センター試験制度の誕生と変容

5.1．共通1次からセンター試験へ

　共通1次は「国公立大学が大学入試センターと共同で実施する共通試験」という位置づけだったが，昭和54年度（1979年度）の開始当初から厳しい批判にさらされた。最終的に臨教審第1次答申（臨時教育審議会，1985）が決定打となって10年後（本試験第11回の実施後）に廃止，センター試験へ移行した。共通1次導入時に，国立大学協会において何年も丁寧な議論と周到な準備が繰り返されたのとは対照的に，センター試験への改変期には短い準備期間で大改革が断行された。特に，ア・ラ・カルト方式の導入，連続方式による受験機会に複数化，自己採点方式の廃止という三つの大きな変更が重なった昭和62年度（1987年度）には，受験生にも大学にもダメージが残る混乱が生じた（倉元，2014）。

　荒井（2003）によれば，センター試験制度は理念的には共通1次とは全く異なる性格とされる。共通1次は5教科のテスト全体で一つのセットとなる1次試験で「高校教育における基礎的一般的達成度」を測った上で，各大学の2次試験で「その個性，専門の特性にしたがって多様な試験」を課し，さらに調査書との組合せで「学生の能力を多元的に把握することが奨励された」制度であった。一方，センター試験制度は，ア・ラ・カルト方式の導入によって1教科1科目からの利用，センター試験成績だけに基づく選抜も可能となった。すなわち，科目テストが単体で「大学に入学を志願する者の高等学校の段階における基礎的な学習の達成の程度」を判定することが求められている。

　この転換をテスト・スタンダードに照らして解釈すると，共通1次制度の

各科目は下位尺度として全体のごく一部を担うにすぎなかった。すなわち，1次試験と各大学の2次試験で実施される入試科目が全体として入学時点で測定すべき学力をカバーする設計思想となっていた。一方，センター試験制度では，利用の仕方によってはセンター試験の各科目が測るべき特性全てをカバーする役割を担う。極端な話，「1教科1科目の利用，センター試験成績だけに基づく選抜」ということであれば，センター試験の特定1科目のみに十分な成績を残せば，入学時点で必要となる学力を満たしたと解釈されることになる。当時は言葉として存在しなかったが，大学の「アドミッション・ポリシー」の革命的大転換であり，テスト・スタンダードに照らせば「1.1 テストの基本設計」の根本的改変を意味する。

　技術的観点からは，制度改編期に素点に代わり科目間で相互に比較可能な尺度得点が導入されるべきだった。テスト・スタンダードの「1.8 複数の尺度得点の比較」には「複数のテストによって同一受検者の特性比較を行う場合には，素点のままでの比較は正確な判断を損なうおそれがあるので，素点を比較可能な尺度得点に変換すべきである（日本テスト学会，2007）」とある。共通1次制度では同じ教科の選択科目に得点調整の仕組みがあればよかった。しかし，センター試験では相互互換性が全ての教科・科目に広がった。実際にはこの理念的大転換が意識されることはなかった（倉元，2013）。それは，目に見える「1.3 質問項目の設計」，「1.4 回答方法の設計」，「1.5 採点手続きの設計」に手が加えられなかったためと考えられる。

5.2. センター試験の変容

　ア・ラ・カルト方式の影響は早期に顕在化した。初年度の平成2年度（1990年度）入試で78％を占めた5教科受験者は平成10年（1998年）頃までに50％強まで減少，現在まで同水準で推移している。原因は5教科受験者の減少ではなく，受験者増だ。平成2年度（1990年度）に408,350名であった受験者数は平成10年度（1998年度）に549,401名まで急増，以後，50万名台を維持してきた。受験者数の純増と4教科以下の受験者数の増加がほぼ一致する。センター試験の受験者層が共通1次と同一層を含みつつ，急速に拡大していったことを意味している（内田・鈴木，2011）。

　センター試験の新規参入志願者層はセンター試験を利用する私立大学等の

増加と連動している（内田・橋本・鈴木，2014）。平成２年度（1990年度）センター試験利用私立大学は16大学19学部に過ぎなかったが，平成10年度（1998年度）には180大学394大学まで増加した。平成16年度（2004年度）からは短期大学もセンター試験を利用可となった。

　センター試験では二度の学習指導要領の改訂を含む科目構成の変更が四度行われ，平成18年度（2006年度）には英語にリスニングが導入された。しかし，全体としては質問項目，回答形式，採点手続きに抜本的改変はない。受験者層のドラスチックな変化に対し，試験の内容（形式や問題の中身）は本質的に変わっていないのである。

　大きな変化は実施面，利用面に見られる。例えば，平成14年度（2002年度）から前年度成績の利用が可となり，平成22年度（2010年度）には３年間まで拡大した。平成16年度（2004年度）から「理科」が３コマとなり，平成24年度（2012年度）には「地理歴史・公民」，「理科」の科目選択の弾力化が行われた。平成27年度（2015年度）には学習指導要領の変更に伴い「理科」の出題科目が「基礎」と「基礎なし」の８科目に拡大した。

　センター試験は画一的な共通１次制度の欠点を克服し，多様化を志向した制度であった。ところが，理念の大転換にもかかわらず，共通１次時代の基本設計の下で確立された出題，回答，採点に関する手続きには手を付けず，実施や利用を複雑化することで多様化の理念に対応しようとしてきた制度であったと言える。

◆◇◆

第３節　センター試験制度の評判

１．学士課程答申におけるセンター試験の評価

　平成20年（2008年）12月24日に発表された「学士課程教育の構築に向けて」と題した中教審答申（以下，「学士課程答申」）は初めて本格的に「学力不問の入試」と推薦入試・AO入試批判に転じた答申である。「高校・大学が協力してAO・推薦入試や高校の指導改善に活用できる新しい学力検査（高大接続テスト［仮称]）」の導入検討も提言された（中央教育審議会，2008）。

新たな共通試験の導入という構想は高大接続答申に通じるようにも感じられるが，学士課程答申における「高大接続テスト（仮称）」はセンター試験を補完する役割とされていた。同答申でセンター試験は「我が国全体として，入試の改善を推進するうえで，大きな貢献をしてきた（中央教育審議会，2008，p.31）」と絶賛された。「高大接続テスト（仮称）」の導入を示唆したワーキンググループ報告においても「AO・推薦入試における高校段階の学習成果の把握方法は，…（中略）…大学入試センター試験を活用して行うことが基本である」とあり，センター試験への揺るぎない信頼感が見て取れる。

2．平成24年度センター試験におけるトラブル

センター試験に対する公的な評価が高かったことから，廃止の意思決定はそれまでの評価の流れとは異なり，突然出てきたものと考えるべきだろう。あえてきっかけを探すなら，平成24年度（2012年度）入試で発生した全国規模のトラブルが挙げられる。この年，センター試験は「地理歴史，公民」及び「理科」において科目選択範囲が拡大，それに伴って事前登録制を導入したことに不正行為の防止対策，東日本大震災対応等が加わり，実施面で前年度から大きな変更が多数あった。その結果，問題冊子配付トラブル，試験時間の繰下げ，リスニング機器の輸送ミス等が大規模に発生した[5]。

文部科学副大臣の下に設けられた検証委員会は，トラブルの発生原因を検証し，具体的な再発防止策を挙げた上で中長期的な課題として「センター試験が徐々に複雑化していることが，今回の様々なトラブルの背景として考えられる」と指摘した。さらに，「入試制度全体の検討」は「高大接続の観点から総合的な検討が必要」とし，「センター試験も含めた入試の内容・方法の変更に際しては，受験者の準備状況に対する配慮が必要であることから，中長期的な課題の検討に当たっては，周知や準備のための期間についても十分に留意して進めることが必要である（傍点筆者）」（平成24年度大学入試センター試験に関する検証委員会，2012，p.27）と結んでいる。共通1次型基本設計の下で多様化を実現しようとしたことによる制度疲労が問題視された一方，測定内容に対する疑義は提起されていない。また，制度の見直しについてはじっくりと時間をかけて取り組むことが付言されていた。

平成24年（2012年）8月に出された民主党政権下の文部科学大臣からの諮

問によって高大接続特別部会が設置された（文部科学大臣，2012）。諮問文にセンター試験のトラブルに直接触れた箇所はないが，諮問のタイミングから見ても「高等学校教育と大学教育との接続・連携については，大学入学者選抜制度の在り方を含め様々な問題が指摘されており，国民からの期待に十分には応えきれていない」という指摘を受ける契機となったと推測するのは，十分に合理的と思われる。

3．大学入試改革論議とセンター試験

　大学入試改革が衆目を集めるようになったのは，それとは無関係な文脈である。政権与党となった自由民主党に作られた教育再生実行本部が英語教育改革の提言に「大学において，従来の入試を見直し，実用的な英語力を測るTOEFL 等の一定以上の成績を受験資格及び卒業要件とする世界レベルの教育・研究を担う大学を30程度指定し…（自由民主党，2013）」との内容を盛り込み，大きく報道されたのがきっかけである。

　高大接続答申の議論に直接大きな影響を与えたのが首相官邸の下に設けられた教育再生実行会議の第四次提言である（教育再生実行会議，2013）。同提言では「達成度テスト（仮称）」として「基礎レベル」「発展レベル」の2種類のテストの導入が示された。その発展レベルが高大接続答申の学力評価テストの原型となった。提言では，現在の大学入試制度を「知識偏重の1点刻みの大学入試」「事実上学力不問の選抜になっている一部の推薦・AO 入試」（教育再生実行会議，2013，p.1）と断罪する一方，センター試験は「難問奇問を排除した良質の問題を提供（傍点筆者）」，「大学入学者選抜の個性化・多様化を促進」と評価しながらも「1点刻みの合否判定を助長」，「受験生にとって大きな心理的圧迫」，「運営に係る負担が増大し，限界」（教育再生実行会議，2013，p.6）といった欠点を指摘している。つまり，達成度テスト（仮称）導入提言の背景にもセンター試験の内容自体に対する批判は存在していなかったと考えられるのである。

4．センター試験に対する批判の構図

　前項の議論は，言わばセンター試験制度に対する従来からの「公式見解」の要約であるが，その一方で，巷間には根強いセンター試験批判が存在して

きた。

その大部分はセンター試験の内容に関するものである。センター試験がマークシート方式の回答形式を採っていることで出題形式に生じる制約への批判である。中には森田（2008）のように共通1次からセンター試験への受験者層の変化を踏まえ，作題上の技術的な問題を指摘して具体的な改善案を提案している場合もあるが，多くは現実的に可能な代替案は提示されない。

最も手厳しく，解決困難な批判の観点は「マークシート問題に特化された解答秘策（伊藤，2008，p.6）」，すなわち，出題形式，回答形式の制約による特殊な解答テクニックが存在するという指摘である。その結果，基本設計上想定されていた「高校段階における基礎的学習の達成程度」の測定が達成できない，というのがテスト学的解釈である。センター試験への「良問」評価との矛盾にも見える。しかし，高評価の根拠は学習指導要領に忠実に従った出題が行われ「難問奇問を排除した」ことにある。マークシート方式への評価ではない。さらに，僅かな点差で合否が分かれるとの情報が受験産業等から流され「受験生や高校現場が必要以上に『5点・10点の重み』に振り回され（谷口，2011，p.88）」る状況によって，高校現場が解答テクニックの習得に血道を上げてしまうといった批判も加わる。高校以下の教育への負の波及効果に対する批判である。

第4節　大学入試における制度批判と改革の論理

1．共通1次導入におけるマークシート方式の議論

マークシート方式の欠点は共通1次の検討過程で認識されていた。「膨大な数の答案の採点，集計のために，電子計算機を利用しなければならないので，試験は客観テスト」であることが前提だった（国立大学協会入試調査特別委員会，1972 /1973，p.201）。「記憶力，判断力等を相当程度判定しうるが，…（中略）…総合的な思考方法や創造的な能力，分析力，表現力を判定しえない（財団法人大学基準協会大学入試制度改革研究委員会，1972 / 1973，p.233）」という指摘にも「採点に電子計算機が使用でき，しかも従来批判されているような客観テスト（○×式）の欠点が除かれた"良い問題"（国立

大学協会入試調査特別委員会，1972 /1973，p.204)」の研究が行われた。

　丁寧な議論と周到な準備を経て導入された共通1次だったが「かなり思考力，創造力などが調べられるように工夫されている」といった評価と同時に「共通1次廃止論も含めてネガティブな批判がかなりある（羽部，1985)」状況となった。一方，共通1次の廃止を提言した臨教審の議論では，マークシート方式に対する本格的検討が注意深く避けられたようにも感じられる。

2．センター試験廃止論と新テストの導入

　高大接続答申は「我が国が成熟社会を迎え，知識量のみを問う『従来型の学力』や，主体的な思考力を伴わない協調性はますます通用性に乏しくなる中，現状の高等学校教育，大学教育，大学入学者選抜は，知識の暗記・再生に偏りがちで，思考力・判断力・表現力や，主体性を持って多様な人々と協働する態度など，真の『学力』が十分に育成・評価されていない（中央教育審議会，2014，p. 3)」と断じた。約30年前に臨教審答申が「21世紀に向けて社会の変化に対応できるようとくに必要とされる資質，能力は，創造性や自ら考え，表現し，行動する力である…（中略）…しかしながら，これまでの我が国の教育は，どちらかと言えば記憶力中心の詰め込み教育という傾向が強かったことは否定できない（臨時教育審議会，1985，p.59)」と評したのと似ている。実際には，今の高校は厳しい条件の下でもかなりの労力でキャリア教育や課題解決学習に取り組んでいる（例えば，浜田，2015）。臨教審が奨励した高大連携活動は爆発的に増大「大学側にとって負担となり，高校側をも圧迫している（倉元，2011)」ほどとなった。教育環境の激変に対して「冷静な現状分析のプロセスを経た上での改革理念の吟味（倉元，2014)」を経た構想であることが望まれる。

　高大接続答申における具体的な改革構想の「合教科・科目型」，「総合型」は「結果的に知識依存型（倉元，2004，p.401)」となりそうだ。記述式の導入，年複数回実施，段階別表示等のアイデアは何度も提示されたが実現されなかった。米国の SAT では CBT は技術的困難により本格導入されていない[6]。英語の四技能の評価や民間の資格・検定試験の活用も約30年前の提言（社団法人経済同友会，1984）と同一と言ってよい。

第5節　大学入試制度批判の構図

　社会的環境が変容しても不変の構図が存在する。現行制度で用いられる試験を「準備教育により高校教育を損なう」として批判する図式である。選抜を前提とする以上，受験者はその成績に応じて合格者と不合格者に振り分けられる。我が国に学制が敷かれた初期に学歴による階層上昇を目指して熾烈な競争が繰り広げられた帰結なのか，あるいは，高等教育の普及により誰しもが受験勉強の体験に苦い思い出を持つようになったためなのか，その図式が何故出来上がったのかを明確に示すことは難しい。

　いずれにせよ，結果として間歇的に選抜方法の変更が断行されてきたことは事実である。例えば，1910年代末には学科の内容を排した客観式メンタルテストが入学準備の弊害を排して精神的素質を測定できるとし，学科試験に代わって導入の動きがあった（江口，2010，p.125）。今では同じ論理で逆の提案がなされるだろう。戦前の中学入試では昭和2年に学科試験の全面廃止が決定，翌年実施されたが当初から問題が続出して学科試験に回帰していった（増田，1961，pp.47-50）。

　共通1次への批判は大規模なマークシート方式の共通試験導入という目に見える改革が伝統的な大学入試制度批判の構図を呼び起こし，多様な批判の観点を引き寄せて収拾がつかなくなった結果のように見える。一方，センター試験はその逆を行き，その結果，今日まで永らえたのである。センター試験の変容に伴う諸問題の本質は共通1次の基本設計にセンター試験の理念を被せた矛盾への運用の工夫が限界を超えたことにある。それが平成24年度（2012年度）の混乱をきっかけに伝統的な入試制度批判にすり替わり，一気に廃止論にまで至ったように感じられる。

　いつの時代でも現行入試制度は批判にさらされる運命にある。そして，新テストを含む入試制度改革構想は実現と同時に現行制度へ立場を変え，期待は批判に転化する。受験者の規模や答案処理の手続きを配慮し，周到に準備された共通1次は「難問・奇問の排除」という当時の課題を解消したが，異なる角度からの激しい批判で潰れた。現在，構想されている記述式テストの導入を中心とする改革（高大接続システム改革会議，2016）には，従来から

第
1
部

大
学
入
試
制
度
改
革
の
論
理

の批判の観点に加え，受験者の規模への対応，コスト，採点の公平性等，様々な潜在的な批判の視座が見え隠れしてはいないだろうか。

　現在の改革だけがこの図式から免れると考える根拠はない。急な変化は混乱を巻き起こす（倉元，2012）。制度の不具合は後に修正可能でも，混乱の被害は当事者となる未来の受験生が被ることを忘れてはならない。

注

1）2009年度（平成21年）度入試における成績請求手数料は，入学志願者1人1回につき，570円となっている。
2）2016年度（平成28年）度入試においては1月16日（土），17日（日）の2日間であった。
3）高等学校学習指導要領改訂を受けた旧教育課程履修者用課目（工業数理基礎）を除く。
4）第1日最初の「地理歴史・公民」と第2日最初の「理科②」の時間帯では，1科目受験者と2科目受験者で開始時刻が異なる。また，「外国語」は「英語」のリスニングの時間帯を筆記試験の時間帯と分けて数えた。
5）2012年度（平成24年度）センター試験における影響の重篤性を西郡・倉元（2009）の「入試ミス」のパターン観点から考えると，「判明時期」は「入学前」，「追加合格者」は「無」，「影響年度」は「単年度」，「隠蔽疑惑」は「無」ということで，最も軽微な「パターン16」に該当する。1件1件の影響が相対的にさほどではなかったとしても，大規模に発生したことにより深刻な問題と認識されたと考えられる。
6）カレッジボード副所長 Dr. Kevin Sweeney（心理測定論）への聞き取り調査による（2016年3月11日）。

文　献

荒井 克弘（2003）．学力評価システムの日米比較　教育社会学研究，72, 37-52.
中央教育審議会（2008）．学士課程教育の構築に向けて（答申）　文部科学省 Retrieved from http://www.mext.go.jp/b_menu/shingi/chukyo/chukyo0/toushin/1217067.htm（2016年10月19日）
中央教育審議会（2014）．新しい時代にふさわしい高大接続の実現に向けた高等学校教育，大学教育，大学入学者選抜の一体的改革について――すべての若者が夢や目標を芽吹かせ，未来に花開かせるために――（答申）　文部科学省　Retrieved from http://www.mext.go.jp/b_menu/shingi/chukyo/chukyo0/toushin/1354191.htm（2016年10月19日）
独立行政法人大学入試センター（2015a）．平成28年度大学入試センター試験の志願者数（確定）について　独立行政法人大学入試センター Retrieved from http://www.dnc.ac.jp/data/shiken_jouhou/h28/index.html（2016年10月19日）

独立行政法人大学入試センター（2015b）．平成28年度大学入試センター試験参加大学・短期大学数について　大学入試センター　Retrieved from http://www.dnc.ac.jp/data/shiken_jouhou/h28/index.html（2016年10月19日）

独立行政法人大学入試センター（2015c）．平成28年度大学入試センター試験　試験場一覧　大学入試センター　http://www.dnc.ac.jp/data/shiken_jouhou/h28/index.html（2016年10月19日）

独立行政法人大学入試センター（2015d）．独立行政法人大学入試センター要覧

江口　潔（2010）．教育測定の社会史——田中寛一を中心に——　田研出版

羽部　英二（1985）．高校教育と大学入試　大学入試センター（管理部庶務課）（編）'85: 大学入試フォーラム, 5, 2-8.

浜田　伸一（2015）．高校現場から見た大学入試改革　東北大学高度教養教育・学生支援機構（編）　大学入試改革にどう向き合うか——中教審高大接続答申を受けて——　第22回東北大学高等教育フォーラム報告書, 91-101.

平成24年度大学入試センター試験に関する検証委員会（2012）．平成24年度大学入試センター試験に関する検証委員会報告書

伊藤　卓（2008）．わが国の教育環境のもとでの大学入試センター試験のあり方を考える　中井　仁・伊藤　卓（編）　検証　共通１次・センター試験（pp.1-15）大学教育出版

自由民主党（2013）．教育再生実行本部　成長戦略に資するグローバル人材育成部会提言　自由民主党　Retrieved from https://www.jimin.jp/policy/policy_topics/pdf/pdf112_1.pdf（2016年10月19日）

国立大学協会入試調査特別委員会（1972 / 1973）．全国共通第１次試験に関するまとめ　日本教育心理学会（編）　大学入試を考える（pp.200-204）　金子書房

高大接続システム改革会議（2016）．高大接続システム改革会議「最終報告」　文部科学省　Retrieved from http://www.mext.go.jp/b_menu/shingi/chousa/shougai/033/toushin/1369233.htm（2016年10月19日）

倉元　直樹（2004）．ペーパーテストによる学力評価の可能性と限界——大学入試の方法論的研究——　博士学位請求論文

倉元　直樹（2011）．AO入試のパラダイム転換——教育の一環としての大学入試——　東北大学高等教育開発推進センター（編）　高大接続関係のパラダイム転換と再構築　東北大学高等教育開発推進センター叢書　高等教育ライブラリ２（pp.53-61）東北大学出版会

倉元　直樹（2012）．大学入試制度の変更に伴うスケジュール問題の構造　東北大学高等教育開発推進センター（編）　高等学校学習指導要領 VS 大学入試（pp.53-89）東北大学出版会

倉元　直樹（2013）．大学入試センター試験における対応付けの必要性　日本テスト学会誌, 9, 129-144.

倉元　直樹（2014）．大学入試制度の変更は何をもたらしたのか？——昭和62年度改革の事例——　大学入試研究ジャーナル, 24, 81-89.

教育再生実行会議（2013）．高等学校教育と大学教育の接続・大学入学者選抜の在り方について（第四次提言）　首相官邸　Retrieved from http://www.kantei.go.jp/jp/

singi/kyouikusaisei/teigen.html（2016年10月19日）

増田 幸一（1961）．小学校・国民学校から旧制中等学校へ　増田 幸一・徳山 正人・齋藤 寛治郎（著）　入学試験制度史研究（pp.43-57）　東洋館出版社

文部科学大臣（2012）．大学入学者選抜の改善をはじめとする高等学校教育と大学教育の円滑な接続と連携の強化のための方策について（諮問）24文科高第465号　中央教育審議会　Retrieved from http://www.mext.go.jp/b_menu/shingi/chukyo/chukyo0/toushin/1325060.htm（2016年10月19日）

森田 康夫（2008）．数学のセンター試験について　中井 仁・伊藤 卓（編）　検証　共通1次・センター試験（pp.40-50）　大学教育出版

日本テスト学会（2007）．テスト・スタンダード——日本のテストの将来に向けて——　金子書房

西郡 大・倉元 直樹（2009）．新聞記事からみた「入試ミス」のパターンとその影響の検討　東北大学高等教育開発推進センター紀要，4，39-48．（西郡 大・倉元 直樹（2020）．新聞記事からみた「入試ミス」のパターンとその影響の検討　倉元直樹（編）「大学入試学」の誕生（pp.133-150）金子書房）

臨時教育審議会（1985）．教育改革に関する第1次答申

社団法人経済同友会（1984）．創造性，多様性，国際性を求めて——経営者からの教育改革提言——　季刊　国民教育63（1985年冬季号）（103-108）　国民教育研究所

谷口 典雄（2011）．センター試験の罪状——大学入試史上最悪の"影の番長"を葬ろう——　谷口 典雄・山口 和孝（編著）　センター試験——その学力に未来はあるか——（pp.79-107）　群青社

内田 照久・鈴木 規夫（2011）．大学入試センター試験における中核受験者層の歴史的遷移　大学入試研究ジャーナル，21，83-90．

内田 照久・橋本 貴充・鈴木 規夫（2014）．18歳人口減少期のセンター試験の出願状況の年次推移と地域特性——志願者の2層構造化と出願行動の地域特徴——　日本テスト学会誌，10，48-68．

安野 史子（2010）．戦後日本における全国規模テスト（改訂　増補版）　平成20〜21年度日本学術振興会科学研究費補助金挑戦的萌芽研究　研究成果報告書（課題番号20650139）

財団法人大学基準協会大学入試制度改革研究委員会（1972／1973）．大学入学試験制度改革に関する報告　日本教育心理学会（編）　大学入試を考える（pp.205-242）　金子書房

謝　辞

　本研究はJSPS科研費，課題番号JP16H02051の助成に基づく研究成果の一部である。

第 **3** 章

達成度テストと大学入試センター試験[1]

東北大学高度教養教育・学生支援機構　教授　倉元　直樹

第1節　はじめに

1．大学入試制度改革に関わる議論の活発化

　本書[2]の構想を行った時点では，「書く力」の評価に関する技術的な問題について書き下ろすことを予定していた。ところが，期せずして大学入試制度改革に関する議論が急速に動き始めた。すでにタイミングとしては遅きに失したのかもしれないが，大学入試センター試験（以下，「センター試験」と略記する）の実情に関して書き残しておくことの方を優先すべきであろうと考えた。「書く力」という本書の主題とどこまで関連させることができるかという点では心もとないが，本章ではセンター試験について触れておきたい。

　今から7年くらい前のことであったかと思うが，センター試験に関する論考を集めたある本に原稿の執筆を依頼された。可能な範囲で事実関係を確認した上で平成19年（2007年）夏頃に脱稿したが，結局，編集側の意に沿わず，日の目を見ることがなかった。そのエッセイの存在を思い出した。

　本章はその原稿を基に大幅に加筆したものである。文体や内容がやや本書の体裁にそぐわないのではないかと感じる部分もあるが，オリジナルの文章の勢いを生かすため，文意が通らない部分や一方的に過ぎる部分を除き，修正は最小限に留めることとした。

1　本章は，東北大学高度教養教育・学生支援機構（編）『「書く力」を伸ばす——高大接続における取組と課題』に同一のタイトルで執筆された論文を再録したものである（倉元, 2014），文献リストは「はじめに」の末尾に記載）。著者の執筆当時の所属は現在と同じ，肩書は「准教授」。

2　原典（倉元, 2014）を指す。

2. 大学入試への TOEFL 導入をめぐって

　大学入試は常に批判の対象であるために，改革論議の火種は常にくすぶり続けている。今回（平成25年［2013年］）も，突然，大学入試改革論議が活発化した印象だが，火種の下をたどれば様々な見方が可能と思われる。とは言え，直接のきっかけは政権与党である自由民主党に置かれた教育再生実行本部から平成25年（2013年）4月8日に発表された通称「第一次提言」が大学入試の見直しに触れていたこと（自由民主党，2013）に求めるのが適切だろう。

　本来の提言の中心は「グローバル人材の育成」，「英語教育の改革」にあったと思われる。しかし，その中で「英語教育の抜本的改革」の手段として，冒頭に「大学において，従来の入試を見直し，実用的な英語力を測る TOEFL 等の一定以上の成績を受験資格及び卒業要件とする世界レベルの大学を30程度指定し…」と記載されていたことから「大学入試に TOEFL 導入」というような見出しで全国紙に報道されることとなった。その結果，いつも燻っている火種が一気に燃え上がったように見て取れる。

　この提言に対しては，目標として設定されたスコアの水準が適切なのか，といったような技術論以前の問題がある。すなわち，（過去ではなく）現在の大学入試制度の実情やテストの機能について，どの程度吟味して理解された上で出された提案なのか，という点で疑問を禁じ得ないのである。現在の大学入試，特に，一般入試は，学習指導要領に完全に縛られる義務はないものの可能な限り高等学校学習指導要領に則って設計されている。木村（2012）の「日本型大学入試者選抜の三原則」でいう「下級学校への悪影響の排除」に極力配慮するためである。一方，提言で名前が挙がっていた TOEFL は，高等学校学習指導要領や教科書とは，直接的には関係がない仕組みである。主として，英語圏の大学への留学のために必要とされる能力を測定するためのテストと認識されている。すなわち，大学入学者選抜を目的とせず，テスト設計の考え方が高等学校における通常の学習活動とも重ならない試験を，大学入試の一部として標準的に流用可能と考えることが適切なのか，といった点で疑問が湧くのである。

　ここまでの議論の経緯において本質的に問題なのは，英語教育改革の議論のついでに大学入試制度改革が議論の俎上に載せられたのではないか，と感

じられる点にある。現在の大学入試がどのように行われ，どこに問題点が存在しているのか，丁寧に実情を把握した上で議論が始められた形跡はうかがえない。切り口がずれたままで議論が進められ，付随して出てくる問題を積み残して性急に結論が提示されると，ますます現場が混乱に陥るのではないかという懸念が否めない。

3. 教育再生実行会議第四次提言

　その後，自民党の教育再生実行本部の提言以上に大学入試改革論議を動かしたのは，首相官邸の下に置かれた教育再生実行会議が平成25年（2013年）10月31日に発表した第四次提言であろう（教育再生実行会議，2013）。この提言では，正面切って大学入試制度そのものを論じているため，自民党教育再生実行本部の提言と比較すると提言の内容も本格的に大学入試制度改革そのものに踏み込んだものとなっている。具体的には「大学入学者選抜を，能力・意欲・適性を多面的・総合的に評価・判定するものに転換するとともに，高等学校教育と大学教育の連携を強力に進める」として，「達成度テスト（基礎レベル）（仮称）」と「達成度テスト（発展レベル）（仮称）」の導入，「多面的・総合的に評価・判定する大学入学者選抜への転換」を提言している（以後，必要に応じて「達成度テスト」，「達成度テスト（基礎）」，「達成度テスト（発展）」等と略記する）。

　大学入試を「多面的・総合的に評価・判定するものに転換する」という目標は，40年以上も前，いわゆる四六答申（中央教育審議会，1971）にも見られるものである。四六答申を受け，高等学校調査書を重視する大学入学者選抜制度の実現が図られ，結果として，当初は高校調査書の学校間格差を調整するための共通テストという構想が共通第1次学力試験（以後，「共通1次」と略記する）の導入につながった（例えば，木村，2012）。また，「多面的・総合的な評価」が大学入学後の成績をよりよく予測するとされた追跡調査結果の解釈が統計的資料の誤読によるものであったことは，木村（2007，2012）によって明らかにされている。

　「高等学校教育と大学教育の連携を強力に進める」ことは，これまたAO入試の本格的導入につながった平成9年（1997年）の中教審答申（中央教育審議会，1997）や「大学と学生とのより良い相互選択」を謳った平成11年

（1999年）の中教審答申（中央教育審議会，1999）で謳われてきたことである。したがって，これ以上，「転換」の余地があるか否かは別にして，理念の上では，長年の間，提唱され続けながらもここまで満足する水準で実現に至らなかった政策をさらに強力に推進しようとしているように見える。

　一方，それを達成するための手段として提言された達成度テストは，拡大する「学力抜き」の大学入学者選抜に対して警鐘を鳴らした平成20年（2008年）の中教審答申（中央教育審議会，2008）において提言された「高大接続テスト（仮称）（以後，『高大接続テスト』と略記する）」と酷似したもののように感じられる。主たる原因は筆者の理解力不足にあるのだろうが，掲げられた理念とそれを達成する手段が全く正反対の方向を向いているように感じられて仕方がない。結果的に何を期待して提唱された改革なのか，非常に見えにくい印象となっている。

　本稿執筆中の平成25年（2013年）12月現在，大学入試制度に関わる議論は，主な舞台を中央教育審議会高大接続特別部会に移して継続されている。本書が刊行される平成26年（2014年）3月末頃には答申が出され，何らかの具体的な方向性が示されているかもしれない。その性急なスピード感には心の奥から沸き出る不安を禁じ得ない。本書の主題である「書く力」に関わる議論が高校と大学の現場のニーズから発生しているのに対し，大学入試改革論議が異なるプロセスをたどって出て来ていることも一因である。この度の改革論議は，教育現場におけるニーズに根差したものだとは感じられないのだ。むしろ，政治的な流れの中の教育分野の議論に関する論理的な帰結として演繹的に産み出されたものであり，日々の問題に直面して格闘している現場の視点からは，突然，上から降ってきたものという印象になる。

　掲げられている当初の目標を現実の改革によって本当に達成するには，教育現場に改革の必要性と意義を十分に浸透させてから新しい制度が円滑に動き出すための時間的な猶予が必要である。現場が前向きに改革に取り組む環境をつくるためには，時間をかけて細部を検討したうえで具体案を練り上げ，当事者に納得がいくまで丁寧に議論と説明を繰り返し，実現可能な範囲で改革の理念を具体化していくプロセスが必須である。さもなければ，大学入試制度改革が常に「改悪」と見えてしまうという「スケジュール問題（倉元，2012）」の蟻地獄にまたしても足元を掬われてしまうのではないだろうか。

第2節 達成度テスト

1. 達成度テストの概要

　教育再生実行会議の第四次提言には，同提言で導入が提唱されている達成度テストに関する内容を整理した表が末尾に付されている（教育再生実行会議，2013）。その表によると，達成度テストの目的は「高等学校教育の質の確保・向上，大学の人材育成機能の強化，能力・意欲・適性を多面的・総合的に評価する大学入学者選抜への転換を図る改革を行う…」とされている。

　「基礎」と「発展」という二つのレベルのテストの役割は，以下のような説明がなされている。達成度テスト（基礎）は「高等学校の基礎的・共通的な学習の達成程度」の把握をして「推薦・AO入試における基礎学力の判定に際しての活用」，達成度テスト（発展）は「大学が求める学力水準の達成度の判定に積極的に活用」し，「各大学で基礎資格としての利用を促進」といった形で，利用すべき場面に棲み分けがある。さらに，達成度テスト（発展）には「知識偏重の1点刻みの選抜にならないよう，試験結果はレベルに応じて段階別に表示（以後，「段階表示」等と略記する）」と提言されている。また，基礎，発展の双方の達成度テストに共通の特徴として「複数回受験できる（基礎）」，「複数回挑戦を可能とする（発展）」という表現が見られる（以後，「複数回受験」と略記する）。さらに，試験運営においては「大学入試センター等が有するノウハウ，利点を生かしつつ，相互に連携して一体的に行う」とされている。

2. 複数回受験の問題点

　達成度テスト（仮称）が導入されることによって高校でどのように「質の確保・向上」が達成できるのか，大学で「人材育成機能の強化，能力・意欲・適性を多面的・総合的に評価」できるのか，現時点で具体的なイメージを思い浮かべるのは難しい。複数回の受験がどのような形で実施されるのかということにもよるが，少なくとも，高校生がテストに追われる学校生活を余儀なくされる懸念を念頭に置いておくべきだろう。

　実態として，日本の高校教育には学習指導要領に明示されている教育活動

を超えた役割が期待されている。大仰なことばで言えば、知的な側面をはるかに超えた「人格の完成」が高校教育の目標とされる。個別の具体的な教育学習活動はそれを達成する手段という位置づけである。例えば、教科を通じた成果のカリキュラムにおける勉強、本書で取り上げたような小論文や作文の指導、学習指導要領ではほとんどその存在が意識されていない部活動、文化祭や運動会、各種式典等の学校行事、生活や服装に関する校則、もちろん、大学に合格するための受験勉強も全てその目標を達成するために具現化された行為として位置づけられる。そういった見方が可能となる。倉元（2013a）は、そのような日本の高校教育のあり方を暫定的に「全人教育」ということばを用いて表現しようとした。そして、その表現を借りるならば、西郡（2013）は主として地方の公立進学校において受験指導を通じて「全人教育」が行われている進学校の高校教育の営みの実情を描いて、それを「隠れたカリキュラム」と表現した。すなわち、受験指導も「全人教育」を全うするための手段であり、それは努力の大切さの実感から健全な自己効力感の形成、クラスメートや教員との良好な人間関係の形成にまで及ぶ。決して「知識偏重の1点刻み」の競争などとステレオタイプな見方で評される状況ではない。

　逆に言えば、正課のカリキュラムに則った勉強だけが「全人教育」達成のための唯一無二の手段ではない。各学校の実情に応じて、様々な場面における教育的な活動の要素が、それぞれ独自の重みをもってミックスされ、目的達成の手段として使われている。いわゆる進学校では、その中で受験勉強の比重が大きいだけである。

　濱中（2014）は、首都圏の公立進学中堅校に対する学習時間の実態調査において、生徒が部活動を中心にした生活の中で、定期テストに合わせて勉強時間を調節し、メリハリの利いた生活を送っていることを明らかにした。すなわち、普段は部活動を中心とした生活を行っている生徒が多いが、定期テストの前になると、一定期間は学習時間を増やして集中した勉強を行う。定期テストが終われば、部活動中心の生活に戻っていく、というサイクルが見られたという。そして、そのような生徒は、進路に関しては調査書を主たる選抜資料とすることが前提とされている推薦入学による大学進学を考えているという。西郡（2013）が調査対象とした高校生と濱中（2014）が調査対象とした高校生では、同じ「高校生」といってもその生活実態は全くと言って

よいほど異なっている。かたや一般入試による志望する大学への進路達成を最大の目標として，高校3年間をかけて教科科目の学力を磨いていくことが典型とされる「高校」であり「高校生活」である。かたや部活動とその大会をメインイベントとして日常生活が営まれる「高校」であり「高校生活」である。しかし，学校の営みにおける潜在的な目標，学校の文化は同じ「型」を持つと言える。やや言葉足らずながら「全人教育」と言い換えてもよいだろう。「隠れたカリキュラム」の下でそれが受験勉強と進学指導という形で発現しているのか，部活動という形で発現しているのか，そういった違いとして捉えることができる。

　複数回受験が可能となる設計がどのように具体化されるのかという点が肝心であるのだが，もし，達成度テストの受験が1年生から継続的に組み入れられるとすれば，少なくとも濱中（2014）が調査対象としたような部活動中心の高校生活は根本的な見直しを余儀なくされるだろう。西郡（2013）は，当時提案されていた「高大接続テスト（仮称）（以後，『高大接続テスト』と略記する）」の導入に対して「『隠れたカリキュラム』のような人々が通常では認識しにくい教育的効果も失われかねないことも想定しておく必要がある」と警鐘を鳴らした。高大接続テストと達成度テストは，それがもたらす「隠れたカリキュラム」という点で本質的にどこが異なっているのだろうか。部活動に生きがいを見出す高校生が，達成度テストの導入でそのエネルギーを学習活動に振り向けるようになるのだろうか。達成度テストが高大接続テストの欠点を補い，全く異なる機能を備えた優れた利点を持つ制度として設計されているのでなければ，複数回受験を前提とするテストの導入は，高大接続テストであれ，達成度テストであれ，現在，機能して動いている高校教育の営みを根底から覆しかねない。

　複数回受験は評価技術の点でも大きな問題をはらんでいる。倉元（2013b）は，現在のセンター試験において，平均点に現れる年度ごとの難易度には相当程度大きな揺れが存在することを指摘した[1]。現在のセンター試験制度の下でも過去3年間までの試験成績を利用することが可能だが，各受験機会における素得点の調整は行われていない。複数回受験を可能にするためには，毎回のテスト成績を一律の尺度で評価する方法の開発が前提であるのだが，残念ながら，その条件は整っていない。

　大学にとっても，複数回受験を可能とする試験実施は運営面で大きな懸念がある。仮に，現在のセンター試験制度のように実施を大学が担うことが前提だとすれば，大学はその負担に堪えられないであろう。センター試験の時間割をめぐって大きな混乱が巻き起こった「平成24年度問題」の背景には，その前提となるはずの「センター試験の３日間にわたる実施」が実現しないままに「地理歴史」の中から２科目を選択解答可能とするシステムの実現に固執したことにあった（倉元，2012）。基礎と発展という二つのレベルを持つ試験の複数回実施を大学が運営するということになれば，受験生一人当たりの受験回数がどうなるのかということにも左右されるが，その負担はセンター試験の３日間化どころの比ではない。新たな混乱が起きることは予見しておかなければならない。

　最後に複数回受験のシステムが受験をどのように変えるのかという点に関する懸念も指摘しておきたい。かつての共通第１次学力試験（以後，「共通１次」と略記する）の下で複数の国立大学の受験，合格を可能にする「連続方式」が導入されたとき，実際には共通１次の成績に応じて合否が決まる傾向が強くなったと解釈できる現象が現れた（山田・石塚，1988；倉元，2014a）。すなわち，受験機会の複数化の確保が結果的に共通１次一発勝負の傾向を強めたと考えられるのである。もちろん，達成度テストの受験機会の複数化は連続方式の導入とは異なるが，複数回受験を可能にすることにより，大学進学が達成度テストの成績に大きく依存することになる懸念があることも指摘しておく必要があるだろう。「大学入学者選抜を，能力・意欲・適性を多面的・総合的に評価・判定するものに転換する」として導入される新しい仕組みがテストへの依存，悪い意味での受験勉強を促進するのでは，元も子もないはずである。

３．試験結果の段階表示の問題点

　発展レベルに提言されている試験結果の段階表示も，大学にとって頭の痛い問題である。段階表示が何をもたらすのか，冷静に考えてみる必要がある。

　大学入試では公平性の確保は絶対的な条件である。たとえば，試験時間の確保を例にとると入試の場面では試験時間の確保は１秒単位で厳密に管理されており，ほんの数秒，試験時間が不足した程度でも再試験を覚悟しなけれ

ばならない事態すら考えられるのである。斉一な実施条件を担保することに基づく手続き的公正（procedural justice）の確保は，現在の大学入試が獲得している社会的信用の基盤を成す。たとえば，苅谷（2008）はそれを「極めて形式的な厳密性を守って，テストという場面そのものが作られていることによる正当性」と表現している。

　大学入試という場面では，事前に定められた規則に従って合否を決しなければならない。その規則を粛々と守ることが公正さの担保となる。どこかで線を引かなければならないとすれば，評価者の恣意的な介入の余地は極力少なくすべき，ということになるだろう。もちろん，1点差で合否が分かれた受験生の間に本質的な能力や学力の違いがあるかと言えば，おそらく全くないだろう。規則の持つ不条理さだけを突き詰めていけば「大学入試は序列をつけるためだけにある」という見方に到達する。それでは，段階表示がその解決法になるかというとそれも疑問なのである。それは，段階と段階の境界を考えれば簡単に分かることである。すなわち，上の段階と下の段階に境界線を引かなければならないとすれば，それは「知識偏重の1点刻みの選抜」と全く同じ原理が「1点刻み」の「段階分け」に働かざるを得ないことを意味する。どのように規則を変えたとしても，選抜試験という仕組みの下ではこれと同質の「割り切れなさ」を甘受しなければならない。結局，この問題を根本的に回避するには，論理的には選抜試験制度の全廃，希望者全入しか手段がなくなってしまう。この主題も議論に値する魅力的なものであろうが，本書の範囲を超えたものなので，これ以上触れないこととする。

　なお，複数回受験可能な共通テスト，成績の段階表示という提言は実際には目新しいものではない。過去にセンター試験を巡って何度か議論されてきたテーマである。年度内複数回実施については，平成9年（1997年）の中教審答申や平成12年（2000年）の大学審答申に検討の経緯に関する記述がある（中央教育審議会，1997；大学審議会，2000）。成績の段階表示については，平成11年（1999年）の中教審答申では「素点表示とした上で，各大学においてこれを自由に利用しうるようにすることが適当」との記述が見られる（中央教育審議会，1999）。

4．大学入試センター試験の運営

　現時点では様々な疑問が払しょくできない達成度テストであるが，その提案に当たって，試験運営は「大学入試センター等が有するノウハウ，利点を生かしつつ，相互に連携して一体的に行う」とされていた。次項で紹介するエッセイでは，大学入試センター試験の試験運営について，主として大学入試センター（以後，「センター」と略記する）の実情について述べたものである。一部，アップデートした情報もあるが，全体としては最新のものではないこと，元々はエッセイとして執筆されたものであることを了解いただいた上で，紹介したいと思う。

◆◇◆

第3節　大学入試センター試験運営の実際

1．1枚の紙切れから

　実家の押入れの片隅に眠っている高校時代のアルバムに少々珍しいものが貼られている。珍しいと言っても何の変哲もないただの紙切れである。私自身，一生思い出すこともないはずだった。とりあえず，その紙切れにまつわる思い出話から始めてみよう。

　4年間の高校生活を送った私は，同学年の友人たちから1年遅れで3年目を迎えた共通1次を受けることになった。受験したのは，当時，日本で1番か2番目に北の試験場である。真冬で寒かったはずだが覚えていない。自宅から試験場までの15分ほどの踏み固められた雪道だけが断片的に思い浮かぶ。本当に共通1次の情景なのか，そう思い込んでいるだけで再構成された心象風景に過ぎないのか，今となってははっきりしない。

　北国の辺境の地に住まう受験生として，私は運が良かった。とにかく，自宅から歩いて通える所に試験場が有ったのだ。都会に生まれ育ち都会で仕事をしている人には想像し難いだろうが，田舎では何気ない生活の営みが周到な準備と多額のお金を要する一大行事となることがある。大学受験もその好例である。毎年，センター試験を受験するためにホテルを借り，宿泊を伴って受験生を引率している高校もある。全体としてみると数は多くないだろうが，田舎では試験場まで歩いて行ける受験生は恵まれているのだ。

私は共通 1 次が苦手だった。理由は単純で，細かい暗記や記憶が面倒だったからだ。単に記憶力が弱かっただけなのだろうが，ずぼらな性格のせいだと思うことにしていた。人並みに受験勉強はしたはずだし，共通 1 次対策に「赤本」を解いたり，世界史の穴埋め式のノートを何冊か埋めたりもした。でも，知識は「まだら」のままだった。

　実は，並み居る著名な受験参考書を押しのけて，私にとってナンバー・ワンの共通 1 次受験参考書は，小学生の頃に父親の本棚から引っこ抜いて暇つぶしに読んだ多湖輝著『頭の体操』の「はじめに」の部分であった（多胡，1999）。そこには「試験問題を読まずに正解を得る方法」が書かれていた。単純化すると「選択肢の性質を多面的に分類して，要素が最も重なったものが正解」という原理である。そこそこ真剣に勉強すれば，一つひとつを正確に記憶できなくても，部分的で曖昧な断片が頭の隅に残る。それをつないで何とかしようとすれば，ある程度は何とかなるものだ。『頭の体操』とは違って，最初に問題文をじっくり読みこなして題意を正確につかむことが絶対条件だが，問題文の誤読さえなければ，いくつかの可能性や選択肢は最初から除外できる場合が多い。あとは，手持ちの断片的知識の重要度と確信度に従って選択肢を分析して論理的に推理して行けば，まずまずの確率で正解に到達した。細かい記憶を詰め込むよりも「得点圏打率」の上がる要領の良いテスト攻略法であった。

　苦手は苦手でも，我慢して勉強するうちに，次第に問題を解くプロセスから出題者と駆け引きする楽しみを覚えた。また，限られた時間と曖昧な状況の中で決断を下す度胸も養われた。その能力は本番で最大の威力を発揮した。私が受験した年のある科目の問題はある一つの現象にかかわるメカニズムを「A」と考えるか「B」と考えるかで，15〜20点相当と推測される問題数の正解ががらりと変わる構造と見えた。問題内容は全く覚えていないが，それだけは覚えている。「A」，「B」のいずれかに賭けるか安全を見て正答誤答を散らしておくかが決断のしどころであった。結局，7 割方自信があった「A」に賭けることにした。また，同じ試験時間帯に 2 科目選択して解答する方式の教科があった。準備をして臨んだはずの科目をいざ解き始めると全く歯が立たない。第 1 問を終えて撤退を決意，急遽，別な科目にターゲットを変更した。

　私は極端な面倒くさがりであった。怖がりだったという方が正直かもしれない。何よりも事務手続きが苦手であった。どの大学の願書でも，要項をどれだけ一生懸命読み込んでも，どう書いて良いか分からない部分が残った。一つでも勘違いをして書き間違いをしたら全てがダメになる，そんな恐怖感があった。共通１次の受験案内など表紙を見るのも嫌，試験問題を解く方がずっと気楽であった。

　そんないい加減な態度に天罰が下ったのは，２次試験のために上京した後のことである。何気なく募集要項を開いて，顔からさっと血の気が引いた。２次試験の受験に共通１次の受験票が必要なことに気付いたのだ。「事前に持ち物を全て確認しましょう」という「生きる力」の基本が身についていなかった。実家に伝えて送ってもらうにも間に合わない。慌てて公衆電話から大学入試センターに電話をしたところ，翌日，直接出向けば受験票を再発行してもらえると分かった。東京の大学を志望したことが幸運であった。２次試験の前々日のことである。

　センターは元の東京教育大学農学部キャンパスの一部にある。今でこそ古びてはいるが立派な建物が建っている。当時は大学のお下がりをそのまま使っていたのだろう。井の頭線の駒場東大前駅からすぐのはずだったが，一般の住宅と荒れ放題の空き地しか見つからない。２時間ほどうろつきまわった挙句，駅のそばの広大な空き地と見えた所に門を発見し，さらにそのずっと奥にある廃屋寸前のような建物に「大学入試センター」の看板を見つけた。その時分には日が傾きかけ，約束の時間もはるかに過ぎていた。呼び鈴を押し，警備員に用件を告げ，いささか覚悟を決めて待った。心臓が早鐘のように鳴るのが分かった。いきなり怒鳴られても仕方がないが，とにかく，受験できる約束を取り付けないと帰れないと思った。１〜２分が数時間のように感じられた。

　玄関まで出て対応してくれた男性は拍子抜けするほど優しかった。怒鳴られることはおろか，嫌味一つ言われることさえなかった。本人を同定するための簡単な質問で私が該当の受験生本人であると確認した上で，数分で受験票を再発行し，私の地元で勤務していた頃の思い出話などをしながら，私が持参した顔写真を貼ってくれた。受験票を渡されたその手の暖かさに生きている人のぬくもりを感じた。

私だけに発行された特別の受験票は，通常通り2次試験の会場で回収された。そして，実家には置いていった受験票が残された。私はそれを高校時代の思い出の写真と一緒にアルバムに貼ることにした。

2. センター試験のプロセス⑴——試験実施まで——

　さて，私自身もかつてその立場だったわけだが，受験生の立場からセンター試験の舞台裏をなぞってみよう。今では共通1次の頃とは違う部分もあるようだが，概略に大差はない。

　受験は受験案内の取り寄せから始まる。受験案内は毎年新たに作られる。平成26年度（2014年度）入試を例に取ると出願期間が平成25年（2013年）10月1〜11日なので，その約2ヶ月前の8月1日に入手方法に関する情報がセンターのウェブサイトにアップロードされ，約1ヶ月前の9月2日から大学や委託先の業者から入手できることになっていた。少しでも誤りや曖昧な表現があると大混乱の原因になる。私のようなずぼらな受験生は例外的存在ではない。誤読がないように，チェックは周到を極める。印刷にかける前には全ての内容が確定し，受験案内に記入される文言が一字一句確定していなければならない。

　出願期間の約2週間に50万人分以上（平成26年度［2014年度］入試の場合は560,670人）の出願書類が殺到する。受験生は，出願書類を揃えて必要事項を記入し，センターに郵送した後は受付の確認はがきを待つのみである。一方，センターでは確認はがきが受験生に届くまで，膨大な作業に追われる。郵送された封筒を一つひとつ開封し，まず，出願資格とその証明書類を逐一点検する。さらに，記載内容の正誤と受験料[2]（検定料）の払込の証明を確認しなければならない。確認はがきの送付は概ね11月上旬までなので，40日程度で50万以上の書類をさばくことになる。1人として取り違えたり，登録に誤りがあったり，確認はがきが届かなかったりしてはならない。登録の際に受験生本人の同定のための最も大事な情報は氏名と住所だが，日本語の場合これが極めて厄介である。数多くの漢字があり，漢字と読みが対応しないケースも多く，常用漢字以外の文字もある。センターの対応は対極のきめ細かさである。誤りを最小限にするため，別々に2度入力を行い，付き合せてチェックを行っている。

　50万人以上の全ての志願者が全員誤りなく登録手続きを済ませることはあり得ないので，確認はがきによる登録内容の確認が大切なプロセスとなる。平成26年度（2014年度）入試の場合，11月1日（金）までに確認はがきが届かない場合には，センターまで問い合わせることとなっていた。例年，確認はがきによる訂正が1,300件程度生じているそうである。

　ところで，出願の時点で大切なことの一つは，受験に際して特別措置の希望がある場合，その申請を行うことである。実は，共通1次によって急速に発達したのが身体障害，疾病，負傷などのための特別措置，テストのいわゆるユニバーサルデザインである。平成26年度（2014年度）現在，「視覚障害」，「聴覚障害」，「肢体不自由」，「病弱」，「その他」という五つのカテゴリーで様々な措置が行われている[3]。特別措置の申請者は，たとえば，平成18年度（2006年度）では1,403人，平成19年度（2007年度）では1,873人と年によって若干変動が見られるが，ほとんどの申請者は希望通りの特別措置を受けているそうである。試験問題の点訳にもたいへんな手間と多額の費用がかかる。

　登録内容が確定すると，受験票など受験に関係する諸々の書類が発行され，送付される。これも50万人を超える受験生の全てに確実に届かなければならない。一人ひとりにとって大切なパスポートである。私のような粗忽者は毎年存在し，毎年2,000人を越える出願者に対して紛失した書類の再発行が行われるということである。現在は，再発行の申請は全て所定の申請書様式に記入し，郵送で行う手続になっているようである。中には不正な目的で書類を取得しようと考える不心得者もいるかもしれない。偽って申請すれば書類を二重発行させることは可能ではある。しかし，二重使用は不可能である。不正が出来ないように最初に発行された書類は無効となる。

　受験票などの必要書類は，概ねセンター試験本番の1ヶ月少し前までに届く。受験生は，受験票に写真を貼るなど，必要な作業をして受験当日に備える。指定の試験場が割り当てられ，そこで受験を行うことになるが，もちろん，事前に試験場の確保を行わなければならない。試験場は原則としてセンター試験利用大学が提供するが，高校の校舎などの外部施設を利用する場合もある。さらに，隣や前の受験生の答案を覗くことが出来ないようなスペースも必要である。全ての受験生が快適に受験出来るように静かな環境でなければならない。また，起こりうる様々なアクシデントに迅速に対応し，意思

決定と伝達を素早く的確に行うには，センターと各大学に設けられる試験実施本部，一つの大学に複数の試験場がある場合には試験場本部，個々の試験室の間の連絡が円滑に行えることも大切な条件である。平成26年度（2014年度）入試の場合，こうした試験場が全国で693箇所設けられ，その中に9,000室ほどの試験室（平成18年度［2006年度］入試の場合8,923室）の試験室が設けられることになる。

　センター試験実施の責任は各大学が負う。1月のセンター試験のために，大学では年度当初から会議がもたれ，一つひとつの問題点を丹念に検討していく。最も人手が必要なのは，試験当日の監督要員である。一つの試験室につき監督者が最低2名割り当てられる。誰がどこに出願するか分からないので，自分の大学の受験生という意識はない。監督者は2度と会うこともないだろう受験生のため，公正な条件を保つため最大限の努力を払う。多くの受験生が割り当てられた大学では大半の教員が試験監督に駆り出されることになる。

　受験生に対する試験場の割り当ては居住地からの利便性が重要な要素となる。大学から離れた場所でも受験生が集まる場所には試験場が設けられることがある。たとえば，新潟県の佐渡島や沖縄県の宮古島，石垣島といった離島にはセンター試験利用大学はないが，センター試験の試験場が設けられている。佐渡島には新潟大学の，宮古島や石垣島には琉球大学の関係者が派遣されて実施業務を担う。それでも自宅から通えずに泊りがけで受験しなければならない受験生も出てくるのだ。なお，学外を会場にする場合，大学のスタッフでは賄い切れずに高校教員などに協力を仰ぐケースもあるようだ。

　センター試験の実施には，センターや大学以外の人々の協力も必要である。試験の実施前に最も神経を使う試験問題の移送には，警察と綿密な連絡を取って警備を依頼する。たった1冊の問題冊子が行方不明になったとしても，その年度の試験が出来なくなってしまうからである。試験当日は気象条件や交通機関の乱れによって，試験開始時刻までに到着できない受験生が心配である。アクセス手段が限られる地域では，バス会社などの公共交通機関に増発便を要請したり，定時運行の確認等，綿密に連絡を取り合って可能な限りの対処を行う準備が整えられる。

3. センター試験のプロセス(2) ──試験当日──

　センター試験の本番が始まると最も大切な役割は試験監督が担うことになる。替え玉受験や不正行為がないかといったチェックも大切だが，全ての試験場が同じ条件で試験が行われるように時間管理を厳密に行い，監督要領に定められた手順で粛々と試験を実施する。

　実は，この時間帯に最も緊張しているのはセンターに設けられた試験実施本部かもしれない。試験問題にかかわる問い合わせがあるためである。通信を支えているのは，センター試験のために特別に設けられる試験場本部とセンターを結ぶ電話及び FAX 送受信システムの存在である。前日までには試験場，試験室の設営が行われるが，その際に重要なのはホットラインが正常に稼動することの確認である。試験が始まったとたん，50万人以上の受験生と一部の監督者の目が一斉に試験問題に注がれる。様々な疑問や質問が提起されるが，試験問題の内容に関わるような問合せに対して試験室ごとに勝手に答えるわけにはいかない。試験室から試験場本部，試験場本部から大学の試験実施本部，大学からセンターというルートで，正確かつ迅速に情報が伝達され，逆ルートで受験生に回答をしなければならない。ほとんどの問合せは受験者の勘違いや誤読によるものだが，即座に判断して全国の試験場に伝達しなければならないケースも考えられるので，一瞬たりとも気が抜けない。このホットラインシステムは，自然災害や交通障害などの緊急連絡にも威力を発揮する。

　当日になって体調不良を訴える受験生も相当数存在する。各試験場の判断で救護室を設けて適切な処置を行い，重篤な場合には近隣の病院に運んで必要な医療行為を行うが，受験の続行が不可能な場合もある。

　センター試験の日に受験が不可能な受験生のためには，本試験の1週間後に追試験が行われる。医師の診断書を添えて事前に申し込むことによって，東京，関西のいずれかの追試験場で受験することが出来る。年によって違うが，百数十人から千人くらいまでの追試験受験者がいるが，そのために掛かる経費も多額に及ぶ。可能な限りの手立てを尽くして受験生に再挑戦の機会を用意している。

4．センター試験のプロセス(3)──試験実施以後──

　試験時間の終了後，各大学の試験場本部には答案が記載されたマークシートと受験状況調査票が回収される。受験番号や氏名等，受験者本人が特定できる事項に関して記入漏れや誤記入がないように，試験時間中に何度も何度もくり返し確認がなされるが，それでも日本全国を見渡せばミスがついてまわる。迷子の答案を出さないため，受験状況調査票は極めて重要な役割を担う。答案と受験状況調査票が回収された後には，回収プロセスで生じたミスがないかどうか，入念に枚数をチェックすることが試験場本部の大切な役目である。当然，全国で1枚の答案でも行方不明になることは許されない。

　回収された答案は所定の専用容器に厳封されてセンターに輸送される。万が一，途中で開封された形跡があれば，はっきり分かるようになっている。平成7年（1995年）1月17日（火）午前5時46分に発生した阪神淡路大震災は，当時，わが国では近年稀に見る大災害であり，大変に不幸な出来事であった。実は，この日は平成7年度（1995年度）のセンター試験本試験の2日後であった。すなわち，ほとんどの答案が試験場を離れてセンターに届く前というタイミングだったのだ。最初に行われたのは答案のうち，被災したものがないかどうかの確認である。職員総出での答案処理の最中という極めて多忙な時期に迅速に確認が行われ，失われた答案が1枚もないことが判明した。受験生にとっては不幸中の幸いであった。大英断だったのは，神戸を境に寸断された交通網によって大阪の追試験場まで足を運ぶことの出来ない西日本の受験生のため，急遽，九州大学に追試験場が設けられたことだ。追試験の実施まで4日しかない。通常，入試に関して大学が行う周到な準備とそれに要する時間，決定プロセスを考えると，この決断は不可能を可能にしたに近い。九州大学会場での追試験受験者はわずか59人であったが，あの混乱状態の中で少しでも救済された受験生が居たことは喜びに耐えない。この年の試験も実務的には大変な困難があったが，それを乗り越え，結果的には大きな狂いや混乱は生じなかった。

　共通1次の発足当初，志願者は30万人台であった。それがセンター試験になって私大が参加し，志願者数はうなぎのぼりに増えていった。最大を数えたのは平成15年度（2003年度）の約60万人，現在は18歳人口の減少によって減り気味であるが，50万人台半ばの志願者がある。例年，最大の受験率を記

録する外国語の試験で約91％の受験率，答案はひとり平均6〜7枚ほどなので，総計で350万枚ほどのマークシートになる。センター試験本試験の答案処理に与えられた時間は本試験と追試験に挟まれた5日間しかない。水曜日には約20万人のデータを目安に平均点の中間発表がある。自己採点と平均点及び民間の教育産業の出すデータを参考に，受験生が出願する大学を決めるので，実質的に重大な役割を担っている。さらに，平成10年度（1998年度）から導入された規準に従い，得点調整を行うかどうかを判断しなければならない教科もある。中間集計はその判断にも重要な材料となる。扱う対象が高度の機密性を要するだけに，神経を使う。この期間，センターは一種の戦場と化す。泊り込んで作業に従事する職員もいる。

　これだけ大量の答案を迅速かつ正確に採点することは人間の手に負えない。答案はOMR（Optical Mark Reader）によって読み取りが行われ，高性能のコンピュータで採点処理が行われる。もちろん，機械とて万能ではない。そこで，万全の管理を行って，さらに入念なチェックを行う。様々なケースを考えると，本来はもう少し時間的余裕が欲しい作業である。

　答案処理作業の死命は読み込み装置，OMRの性能が握る。センターで使用している機械はアメリカのピアソンアセスメンツ社製のものである。OMRの基本原理は1950年代に開発されたそうだが，処理能力は格段に向上した。センター試験に使用されている機械は1時間に19,000枚の両面のマークシートを読み込んで記録することが可能である。センターではこの機械を14台保有しており，全ての機械がこの1週間にフル稼働する体制を取っている。センター試験の答案処理期間中はメーカーから派遣されたエンジニアが待機しており，トラブルが発生した時点で即応する態勢がとられている[4]。

　全国で9,000ヶ所近くの試験室，50万人以上の受験生を抱える大規模試験である以上，試験実施場面でのトラブルは必ず生じる。たとえば，受験番号の誤記入といった，致命的に思われるミスでも，答案処理の段階で記入された氏名などで特定され，350万枚の答案の全てが誰のものか判明するシステムとなっている。少しでも疑問点があれば，そこから先へ進むことはない。一つひとつの問題点を完全に解消してから次のプロセスへ進む。通常起こりうるミスはこの時点で救われる。複数のミスが重なったケースが問題で，特定が難しい場合がある。原因が判明するまでにかなりの時間と労力が取られ

る。

　センター試験の受験が終わると，いよいよ大学への出願となる。各大学でセンター試験と類似の作業が行われるが，規模は小さい。次は各大学がセンターに志願者分のセンター試験成績を請求することになる。センター試験成績のやり取りも神経を使う作業である。セキュリティと正確さがいのちだが，大学側で情報処理の専門家が担当するとは限らない。事前に特別なシステムを構築して誤作動がないことを入念にチェックし，本番に臨む。ここでも何らかの矛盾が生じた際には大学とセンターの担当者が緊密に連絡を取り合いながら，疑問点を逐一つぶしていくことになる。

　品質管理の世界にシックスシグマという言葉があるそうである。100万個の製品の中に3〜4個の不良品しか出さない設計という意味で，完璧な品質管理を指すようだ。製造過程のあらゆる部分を見通してあらゆるボトルネックを取り除かない限り達成できない。逆に言えば，それでも3〜4個のミスならば許されると考えられているのだ。それに対して，センター試験では毎年350万枚の答案が処理されているが1件のミスも許されない。どれほど厳密で，高度なシステム設計が要求され，それに応えてきたかがお分かりいただけるだろうか。

　基本的に成績情報の提供までがセンターの主要な業務である。後は「主戦場」が大学に移る。センター試験だけで決まる場合もあるが，受験生は出願した大学に出向いて試験を受け，合格発表を待つ。現在の規則では大学は追加合格を含めて3月末までに全ての入試プロセスを完了しなければならない。そのため，大学も非常に厳しい日程で作業を強いられる。担当者は，日々，細かく神経を使う作業を続け，時間と勝負し，受験生に不利益が生じない完璧な手続きを目指す。大学入試全体を考えるにはこの点の検討も重要だが，本書の主題とは離れてしまうので，個別大学の話はここまでとする。

5．センター試験の問題作成

　センター試験の準備は受験生が出願手続きを開始するずっと前から始まっている。試験問題の作成である。平成26年度（2014年度）のセンター試験は平成11年（1999年）告示，平成15年度（2003年度）施行の学習指導要領に基づいている。6教科29科目[5]の試験と種類は多い。「英語」のリスニングテ

ストは平成18年度（2006年度）からの導入だが，運営面では大きな負担となっている。なお，平成27年度（2015年度）入試は平成21年（2009年）告示，平成25年度（2013年度）施行の最新の学習指導要領において，数学と理科が１年先行実施されたことから新しい指導要領の下での最初の入試ということになる。教科は６教科と変わらないが，出題科目数が31科目に増える。また，平成27年度（2015年度）入試においては旧教育課程履修者への経過措置科目として９科目が実施されることになっているので，併せて40科目が出題されることになる。

　問題作成には総勢400人を超える出題者が集まり，24の問題作成部会に分かれて作業を行う。これに加えて点字問題の作成部会が置かれる。センター試験の問題には想像以上に時間が掛けられている。作成者はその分野に精通している教員だが，ことの性質上，氏名を明かすことはできない。そのため，日常業務に大きな制約がかかる。頻繁にセンター試験問題の作成会議に出かけることになるが，本来の目的はごく一部の関係者以外に告げることができない。周囲に理解があればよいが，場合によっては辛い立場に立たされることがあるかもしれない。作業を外に持ち出すこともできないし，もちろん，片言半句でも内容については口外できない。本人の性格にもよるだろうが，針のむしろに座っているような２年間であろう。なお，以前は任期終了後も極秘であったが，現在では一定期間の経過後，センター試験の作成に関わった経歴を明らかにしてもよいことになっている。関係する試験が終了し，実施に影響ないことが前提である。

　ところで，韓国や中国の大学入試関係者にセンター試験の作題体制の話をすると，驚かれたり不思議がられたりすることがある。作題担当者を拘束することがないからだ。韓国では1994年からセンター試験に相当する大学修学能力試験が導入されたが，作題に際しては関係者を外部と遮断された環境に置いて１ヶ月程度で作業を完了させる（荒井・藤井，2002）。そのシステムは中国の科挙を連想させる。村上（2000）によれば，唐代の科挙で，約40日間関係者が缶詰になって試験を行ったと推測される記録があるそうだ。

　センター試験をはじめ，日本の大学入試制度における作題体制は，東アジア的な試験文化からすると極めて開放的だ。そのことの利点は大きく二つ挙げられる。

一つは丁寧な作題が可能ということである。センター試験の問題には制約が多い。科目別試験であるために学習指導要領の範囲で出題しなければならない。高校の教科書も多数あり，多くの教科書に記載されている事項を取り上げる必要がある。過去に同じ問題が出題されていると大きな社会問題となるので，そのチェックも必要である。科目が多いので，ある問の正解が他の科目の問題から推測できるような構成はまずい。こういった多岐にわたるチェックポイントを潜り抜け，マークシート形式の制約の中で，大学入学者選抜試験としてふさわしく，高校の教育にとって良い教材になるような試験問題を作らなければならない。全ての条件を作題担当者だけでクリアするのは難しい。どれだけ入念にチェックを重ねても見つからないミスが，初めて目にした他人から指摘されることはよくある。人間の感覚は本当に不思議なものである。センター試験では試験問題をチェックする数種類の委員会が置かれ，必ずいくつかの側面からチェックを受けるシステムとなっている。

　二つ目の利点は作題担当者の供給である。先述のように，センター試験の作題に必要な人数は400人を超えるが，制約が多い。喜んで引き受ける人はなかなかいない。作題者を探す側は，大変な苦労を重ねながら何人もの人に打診し，センター試験作題の意義を理解してもらって，ようやく適任者を見つけることができる。よほどの理解と意欲があったとしても，もし，長期間外部との連絡を遮断されて実質的に軟禁されるような状況であれば，その役目を引き受ける篤志家は，そうは見つからないだろう。

　センター試験の作題にどれほど周到な準備がなされているかが知られていないため，人知れず大問題が生じたことがあった。それは，平成14年度（2002年度）に導入された韓国語にまつわる顛末である。韓国の大統領と会談をした当時の総理大臣が「早ければ2002年1月からセンター試験に韓国語試験を導入」と突然表明したのが，ことの発端である。ちなみに，韓国では2001年度から大学修学能力試験に日本語が導入されたが，第二外国語の選択科目の一つであり，センター試験のように英語の代わりに受験可能ではない。次のセンター試験の準備に関わる日常業務と並行して急な対応を迫られたセンター関係者は，さぞや大変な苦労を強いられたことだろう。平成14年度（2002年度）センター試験は大きな問題もなく実施されたが，その裏で混乱なく事態を収めるために黙々と努力を続けた人々の姿が脳裏に浮かぶ。事情

を熟知せずに下される軽い指令は現場に重い結果をもたらす。

6. センター試験の理念

　センター試験の理念とは何か。筆者はそれに対して一つの確信的な回答を持っている。全てのプロセスに貫かれている理念である。

　センター試験は受験生「一人ひとりのために」存在する。そして，そのシステムは，失敗して非難されることはあっても誉められることのない報われぬ業務に身を粉にして立ち向かう何百人かの人々と，時にセンター試験制度に疑問や反発を感じながらも，与えられた役割を誠実にこなす何千，何万の人々に支えられている。

　一人ひとりの受験生を細やかに理解し，願いをそのまま叶えられることができる制度があれば理想である。しかし，現実に，この国には1億2千万を超える人々が生活している。少子化の時代とは言え，毎年，80万人以上が大学などの高等教育機関に進学する。全ての受験生の希望が叶えられない以上，可能な限り皆が満足する形で入学者を決めなければならない。つまり，大学入試制度にはデリケートな公平性が要求されているのである。公平とは何か。真剣に考えると大変難しい。先述のように，センター試験などの選抜試験では条件の斉一性が厳しく求められる。受験生の一部が事前に問題を知るような状況は究極の不公平である。その一方で，全ての条件を完全に揃えることは最初から不可能なのである。冒頭に挙げた試験場へのアクセスの問題が好例である。考え出せばきりがなくなる。

　規模が大きくなればなるほど問題は難しくなる。たとえば，500万人程度の人口規模ならば成立する話でも，日本で通用するかどうかは慎重に考える必要がある。まして，一つの教室内で成り立つ状況を全体に広げてこと足れりとする発想では，短絡的としか言いようがない。

　センター試験は多くの制約条件の下で運用されてきた。受験生から見えるセンター試験とは一枚のマークシートに過ぎない。筆者も一受験生としてそう感じていた。それは仕方がないことである。しかし，長じて，もう一度センター試験を俯瞰的に眺めたとき，全く違った風景が眼前に現れる。それは，いかに多くの人によってセンター試験が支えられているのかという事実である。もちろん，大量処理のために高性能の機械が必要である。しかし，セン

ター試験を可能にしている本当の「要」はそこにはない。この巨大なシステムを支えているのは「人」なのである。

　人に依存するシステムはセキュリティ的な弱点が多い。確信的に悪意を持つ人物がセンター試験のプロセスに入れば，ぶち壊すのは容易である。未実施の試験問題が盗まれ，答案が盗難に遭うような社会になれば，この制度はひとたまりもない。

　多くの人の善意を前提とした弱々しいシステムが，何故，成立可能なのだろうか？　それは，50万人に及ぶ受験生が「塊」として扱われるのではなくて，一人ひとりが大切な人格を持った存在であると受け止められているからである。実家に残された受験票は筆者の人生のパスポートであったかもしれない。もし，筆者という存在が30数万人の受験生の塊の一片としてしか捉えられていなかったら，代わりのパスポートが届けられることはなかっただろう。そして，筆者のアルバムには全く別の意味を持つ紙切れが貼られていただろう。障害を持つ受験生に対して可能な限りの手段を尽くしてハンディを補う方法を考え，アクシデントや災害に即座に立ち向かって，一人ひとりの受験生に機会を設けようと努力するのは何なのか。それを思ったとき，人知れず営々と積み重ねられてきたこの社会の豊かさを思わざるを得ない。

　試験を実施する者と受験する者，その関係は目に見えるものにはならない。二者の間には機械が，紙が，そして非情な判定が割り込んでくる。それは巨大化した社会の宿命である。受験票を渡す手のぬくもりがその場で一人ひとりに届くことはない。しかし，センター試験のプロセスを最初から最後まで通してみたとき，私はそこに未来の社会を背負って立つ若者を育もうとする大人たちの心のぬくもりを感じる。

7．共通1次世代から見たセンター試験

　筆者の年代はかつて「共通1次世代」と呼ばれた。「○」か「×」かといった短絡的な発想しか出来ないと叩かれた。自分自身のことは分からないものである。筆者の文章を目にされた読者に，まさしく「お前の思考は多肢選択式そのものだ」と言われたら一言もない。しかし，許されるならばもう少しだけお伝えしたいことがある。

　センター試験に対する批判は，マークシートを利用するテスト形式に集中

する。単なる記憶力を測るのではなく，記述式の試験にして思考力などを測るべきだという議論もよく耳にする。しかし，どうすればこれだけの膨大な人数の答案を安価に短期間でミスなく公平に処理できるのか。納得のいく提案を耳にしたことはない。記述式には記述式の致命的な欠陥がある。その問題について学術的な議論を展開することも可能だが，それは別稿に譲る。むしろ，マークシートであるがゆえに共通1次やセンター試験の問題が記憶力だけしか測れないのか，真剣に検討すべきなのではないだろうか。

筆者自身は共通1次対策として暗記に精を出すことはなかった。むしろ，限られた時間と不完全な情報の中で最適な決断をする方略を見出すことに力を注いだ。あの頃磨いたスキルは，現在，実生活で抜群に役に立っている。研究活動や日常生活の中に全ての条件を見通して絶対の確信を持って意思決定できる状況はない。断片的な情報，曖昧な記憶，不確かな展望，限られた手段から必要な手立てを講じるため，多様な角度から問題点を洗い出して分析し，推理し，工夫し，決断し，そして，実行する。その連続である。図らずも共通1次を通じて筆者が鍛えられたのはそういう能力であり，それは生活や仕事上の「生きる力」として大いに役立っている。筆者個人としては，センター試験が記憶力偏重の教育につながるという議論は不思議だ。センター試験が学習内容に悪影響を及ぼしているならば，それは教え方，学び方の問題ではないだろうか。そこに問題の本質があるとすれば，制度をいくら変えても派生して新たな問題が生じ，解決不能のループを永久に回り続けることになる。センター試験が無意味で細かい暗記能力の勝負に堕したとすれば，教育課程の細分化の責任が重い。

教育問題に関する議論は難しい。誰もが自らの経験に根ざして語ることが可能なテーマだからである。現状に不満を持つ者が自分の観点から批判をするのは当然の権利である。それが自由社会の大切な利点である。しかし，公の場で行う発言には責任が伴う。影響力のある審議会や委員会で出される提言が単なる個人的な経験を基にして組み立てられている場合も多い。それは個人に許された自由な意見の表明とは明らかに異なるはずである。少なくとも，事実は正確に踏まえるべきである。外国にも千差万別なそれぞれの国の事情がある。アメリカで行われているSATが良いというのならば，せめて複数回の試験を比較可能にするためには，「対応づけ」と呼ばれる得点調整

の仕組みが必要であり，それを可能にするためには実施後も試験問題を秘匿しておかなければならないこと，試験問題の性質を明らかにするために予備調査が必要なことを知っておくべきである。また，運営機関の教育テストサービス社（ETS: Educational Testing Service）の存在，バラバラの細切れ問題の寄せ集めである SAT の試験形式についてもある程度知ってから語るべきなのではないだろうか。

センター試験の検定料は平成26年度（2014年度）入試の場合，2教科以下の受験で12,800円，3教科以上の受験で18,800円である。平成25年度（2013年度）の予算では検定料，大学への成績提供手数料，成績通知手数料でセンターの運営経費約111億円の約99.9％が賄われている（独立行政法人大学入試センター，2013）。きめ細やかな選抜制度もよいのだが，限られた時間で誰が何をどう処理するのだろうか。そして，そのためのコストは誰がいくら負担するのだろうか。センター試験に替わる制度が提案されるとしても，そういった一つひとつの事柄に十分な根拠を持って現実的に答えることが出来なければならないだろう。

現実的な改善提案は，現行のシステムの代替として十分に機能し，現状の欠点を解決できる具体的内容を備えている必要がある。その前提は，一人ひとりの受験生にとって配慮が行き届き，コストも時間もかからず，安全性も高いシステムである。

◆◇◆
第4節　おわりに

現在のセンター試験の欠点とその改善方策についても簡単に触れておきたい。かつての共通1次は国公立大学のために設計された。それは大学進学希望者の学力上位層を念頭に置いたものだった。高等学校の教育課程も現在のような「虫食い」ではなく，5教科7科目ないしは5科目全体で高校教育の達成度をカバーする設計思想であった。ところが，センター試験となって私大が本格的に参入し，受験者層が格段に広がった。ア・ラ・カルト利用を許すことで歪んだ受験シフトを誘発する結果となり，教養の基盤が失われた。

公平性に対する侵犯も深刻である。利用の仕方によっては「物理」の得点

と「現代社会」の得点がそのまま比較されるような，根拠も正当性もない仕組みがまかり通っている。

　いずれもセンター試験そのものより，それを取り巻く環境の変化によるが，さすがに限界を超えているのではないだろうか。その上，過去に出題された問題を再び出題するなどすれば，大学入試はますます「あてもの」と化し，試験が何を測っているのか分からなくなる上に，「知識偏重」に「無意味な暗記による」という「枕詞」をかぶせなければならなくなるだろう。この紙面で議論を尽くすのは難しいが，当面，多様な学力の受験生に対応する複数の問題の提供と，その得点を比較可能にする得点調整技術の活用が必要である。

　その上で，厳しい環境に追い込まれている作題者を支援することも肝心である。過去に出題された試験問題に統計情報も含めたデータベースの構築と活用が急務と考える。願わくば，各大学の個別試験にも利用可能であって欲しい。わが国の教育は，良しにつけ悪しきにつけ，大学入試に支えられている。その機能は教材としての試験問題の良否に帰着する（例えば，高梨，2011）。その現実を正面から見据えて議論しなければ，未来はますます混沌とするしかないだろう。

　最後に，大学入試というのは「大いなる『妥協の芸術』（倉元，2014b）」であることを確認しておきたい。現実に動いている大学入試という仕組みは複雑な条件のトレードオフの結果として成り立っている。そういった複雑なシステムに単純かつ一貫した一つの原理を通そうとすると，往々にして全体のバランスを著しく損ねてしまう。妥協の仕方には巧拙がある。皆が満足する仕組みがないことを前提に，未来を少し良くするために打つべき手は何か。焦らず，ゆっくり落ち着いて検討することが必要なのではないだろうか。

注
1) 本来はセンター試験の得点調整制度の限界をはるかに超えたア・ラ・カルト方式の成績利用が可能となっていることの方がより大きな問題だが，議論の本筋から外れてしまうので，これ以上，ここでは論じない。
2) センター試験の場合，「検定料」という用語が用いられている。
3) その他，「体調不良」を理由として特別措置が講じられる場合がある。

4）以上，平成19年（2007年）現在の情報である。

5）「倫理，政治・経済」など，複数の科目を一つの試験として実施する場合がある。

文　献

荒井　克弘・藤井　光昭（2002）．韓国の大学入試と総合試験　藤井　光昭・柳井　晴夫・
　　荒井　克弘（編著）大学入試における総合試験の国際比較——我が国の入試改善
　　に向けて——（pp.99-111）多賀出版

中央教育審議会（1971）．今後における学校教育の総合的な拡充整備のための基本的
　　施策について（答申）文部省

中央教育審議会（1997）．21世紀を展望したわが国の教育の在り方について（第2次
　　答申）文部省

中央教育審議会（1999）．初等中等教育と高等教育との接続の改善について（答申）
　　文部省

中央教育審議会（2008）．学士課程教育の構築に向けて（答申）文部科学省

大学審議会（2000）．大学入試の改善について（答申）文部省

独立行政法人大学入試センター（2013）．独立行政法人大学入試センター要覧

濱中　淳子（2014）．高校一年次の勉強時間——大学入試は，彼／彼らの学習動機にな
　　り得るか——　2013大学入試センター研究開発部シンポジウム「入試研究から見
　　た高大接続——多様化する大学入試にせまる——」報告書（印刷中）

自由民主党（2013）．教育再生実行本部——成長戦略に資するグローバル人材育成部
　　会提言——

苅谷　剛彦（2008）．指定討論：教育社会学の立場から，『米国流測定文化の日本的受
　　容の問題——日本の教育文化・テスト文化に応じた教育政策の立案に向けて
　　——』，独立行政法人日本学術振興会　人文・社会科学振興プロジェクト研究事業
　　研究領域Ⅰ「知の遺産を始めとする日本の在り方と今後の変容について研究する
　　領域」，「失われた10年の再検討－日本の社会経済システムの功罪」研究プロジェ
　　クト，「日本の教育システム」コア研究（代表者：苅谷　剛彦），「教育測定・評価」
　　サブグループ（代表者：荒井　克弘）主催国内セミナー報告書，60-64.

木村　拓也（2007）．大学入学者選抜と「総合的かつ多面的な評価」——46答申で示さ
　　れた科学的根拠の再検討——　教育社会学研究，80，165-186.

木村　拓也（2012）．共通第1次学力試験の導入の経緯——「日本型大学入学者選抜の
　　三原則」の帰結として——　東北大学高等教育開発推進センター（編）　高等学
　　校学習指導要領 VS 大学入試　（pp.125-155）東北大学出版会

倉元　直樹（2012）．大学入試制度の変更に伴うスケジュール問題の構造　東北大学高
　　等教育開発推進センター（編）　高等学校学習指導要領 VS 大学入試（pp.53-89）
　　東北大学出版会

倉元　直樹（2013a）．高校教育と大学入試の関係性をどう捉えるか　東北大学高等教育
　　開発推進センター（編）　大学入試と高校現場——進学指導との教育的意義——
　　（pp.67-82）東北大学出版会

倉元　直樹（2013b）．大学入試センター試験における対応付けの必要性　日本テスト

学会誌，9，129-144.

倉元 直樹（2014a）．大学入試制度の変更は何をもたらしたのか？――昭和62年度改革の事例―― 大学入試研究ジャーナル，24.

倉元 直樹（2014b）．受験生から見た「多様化」の意義――東北大学型 AO 入試と一般入試―― 2013大学入試センター研究開発部シンポジウム「入試研究から見た高大接続――多様化する大学入試にせまる――」報告書，24-37.

教育再生実行会議（2013）．高等学校教育と大学教育との接続・大学入学者選抜の在り方について（第四次提言）

村上 哲見（2000）．科挙の話――試験制度と文人官僚―― 講談社学術文庫 講談社（初版刊行 1980 講談社現代新書，講談社）

西郡 大（2013）．受験生心理からみる大学入試 東北大学高等教育開発推進センター（編）大学入試と高校現場――進学指導との教育的意義――（pp.27-66）東北大学出版会

多湖 輝（1999）．頭の体操 第１集――パズル・クイズで脳ミソを鍛えよう―― 知恵の森文庫，光文社（初版刊行 1966 カッパ・ブックス，光文社）

高梨 誠之（2011）．メッセージとしての大学入試問題 東北大学高等教育開発推進センター（編）高大接続関係のパラダイム転換と再構築（pp.183-198）東北大学出版会

山田文康・石塚智一（1988）．国公立大学における受験機会複数化のもとでの受験者の行動 大学入試センター紀要，17，1-27.

共通試験に求められるものと新テスト構想[1]

広尾学園中学校・高等学校　校長 / 東京大学名誉教授　南風原　朝和

◆◇◆
第 1 節　はじめに

　平成28年（2016年）5月23日に開催された第24回東北大学高等教育フォーラムにおいて，筆者は「共通試験と個別試験に求められるもの―測定論の観点から―」と題する講演を行う機会をいただいた。その内容は報告書（南風原，2016g）にまとめられている。本稿は，そのまとめをふまえ，大学入試において「共通試験に求められるもの」を整理し直すとともに，現在，文部科学省において導入に向けて検討が進められている「大学入学希望者学力評価テスト（仮称）」（以下，「新テスト」とする）を，その整理した観点から吟味し，今後の検討に資することを目的とするものである。

　新テストについては，文部科学省の高大接続システム改革会議が平成28年（2016年）3月31日に発表した「最終報告」に，その時点での構想が示されているが，全体像はまだ明確でなく，引き続き「実証的・専門的な検討を継続的に行う体制を構築し，検討を行う」（高大接続システム改革会議，2016c，p.62）とされている。筆者は会議の中でテスト理論を専門とする唯一のメンバーであったが，残念ながら「最終報告」の内容に専門性を十分に反映させることができなかった。その反省から，検討不十分のまま残された課題，今後解決すべき課題について，機会があるごとに考えを述べているところであり（南風原，2016a～2016j；日本経済新聞，2016），本稿もその一環である。

1　本章は，東北大学高度教養教育・学生支援機構編『大学入試における共通試験』に同一のタイトルで執筆された論文を再録したものである（南風原，2017）。文献リストは「はじめに」の末尾に記載）。著者の執筆当時の所属・肩書は「東京大学・理事・副学長」。

第2節　共通試験の意義

　共通試験の意義は，第一に，個々の大学の枠を超えて優れた人的資源を活用することによって，高品質の評価を実現できることである。そして第二に，その人的資源を共通試験に集中的に投入することによって，個々の大学の人的負担を減らして効率化できること，すなわち，コストを全体として抑えることができることである。さらに第三として，幅広い受験者に対し，共通試験の出題を通して，何が評価されるのか，何に向けて努力してほしいのかという教育的メッセージを送ることができることも挙げておきたい。

第3節　システムとしての入学者選抜

　共通試験について考えるときは，個別試験も合わせた全体としての入学者選抜システムを考えなければならない。共通試験を，どのような個別試験と，どのように組み合わせて選抜を行うのかによって，またその他関連する条件によって，共通試験に求められるものが規定される。したがって，「一般的に共通試験に求められるもの」に加え，「所与の条件のもとで共通試験に求められるもの」の検討が必要になる。

　「どのような個別試験と」という点では，たとえば個別試験で共通試験以上に本格的な学力評価をする場合や，逆に，個別試験では学力以外を重点的に評価する場合などが考えられる。それに応じて，共通試験に何が求められるかが変わってくる。もちろん，共通試験のありようによって，個別試験のありようも変わってくる。

　また，「どのように組み合わせて」という点では，たとえば，共通試験を第一段階選抜だけに使い，その後はその成績はもう使わない，第一段階選抜をクリアしたら後は個別試験だけで合否判定をするという使い方がある。あるいは，少し違ったかたちでは，応募するのに最低限必要な基準点をあらかじめ定めておいて，これをパスした者だけに受験資格を与え，後は個別試験のみとすることも考えられる。また，これらの場合において，共通試験の成

績を個別試験の成績と合計する使い方もありうる。

　さらに，「共通」をどの範囲まで広げるかという点も重要である。日本中の全部の大学への受験者を対象にするのか，ある範囲に限定するのかによって，共通試験への要請が変わってくる。一方，共通試験がどのような内容の，どのような難易度のものになるかによって，共通試験を使う大学の集合が今度は逆に規定されるという面もある。

　さらには，個別試験の前に採点期間としてどの程度確保できるのかとか，個別試験の出願の前に自己採点ができるように採点基準を公表するのかといったことも，共通試験の設計に影響を及ぼす。

◆◇◆

第4節　新テストで想定される共通試験のタイプ

　前項で述べたことより，ひとくちに共通試験といっても，さまざまなタイプのものがありうることがわかる。このように多岐にわたる共通試験のタイプについて，1つ1つ，何が必要とされるかを論じるのは膨大な作業になるので，ここでは，新テストで想定されている（と考えられる）以下のタイプの共通試験に絞って検討したい。

　（ア）組み合わせて実施される個別試験は多様
　（イ）共通試験の成績の用い方は多様
　（ウ）対象とする受験者の学力分布は広範
　（エ）比較的短期間での採点が必要
　（オ）自己採点のための採点基準を公表

◆◇◆

第5節　新テストに求められるもの

　このように想定したうえで，新テストに対して何が求められるかを検討していきたい。

　まず，共通試験一般に求められることとして，「共通試験の意義」で述べ

た以下の事項がある。

（1）高品質の評価を実現すること
（2）コストを全体として抑えること
（3）何に向けて努力してほしいかのメッセージが明確であること

　次に，前項の（ア）の個別試験については後に回すとして，（イ）の共通試験の成績の用い方については，第一段階選抜だけに使うとか，応募するのに最低限必要な基準点をあらかじめ定めるとかの場合は，原理的にいえば，第一段階選抜の合否ラインや基準点のあたりで十分な識別力があればよいということになる。それより上位の層や下位の層での識別力は必要なく，ターゲットとなるレベルに難度を合わせた項目でテストを構成すればよい。しかし，多くの大学が利用する共通試験であれば，大学によって第一段階選抜の合否ラインや基準点が異なることから，実際には，学力の広い範囲で識別力があるようにする必要がある。さらに，
　（ウ）の受験者の学力分布の広さ，そして，共通試験の成績を個別試験の成績と合計する使い方も多いことを考えると，新テストには次のことが求められることになる（以下，上の（1）〜（3）の後に番号を続ける）。

（4）難度の高い項目から低い項目まで満遍なく揃えること

　また，学力の広い範囲での十分な識別力とテストの信頼性を確保するためには，

（5）十分な数の項目を用意すること

も必要となってくる（これらの要請について，「情報量」の観点からの説明は南風原，2015，2016b，2016g などを参照）。
　一方，受験者の学力分布が実際には非常に広いことを考えると，たとえば最も上位の層の受験者の学力の識別を，共通試験のみで十分に行うことは期待できないし，共通試験の目的からすれば，そのために高難度の項目のみを

集中することは望ましくない（上記（4）の要請）。その結果，これらの大学では，個別試験においてさらに本格的な学力評価を行うこととなる。また，大学によっては，学力評価については共通試験で十分であり，個別試験では学力以外の要素を評価したいということもあろう。その結果として，（ア）の多様な個別試験との組合せが生じることになる。そして，そこから，

（6）多様な大学のニーズに最大公約数的に応えるものであることが求められる。

最後に，（エ）の採点期間と（オ）の自己採点のための採点基準公表から，

（7）採点基準が明確で，迅速な採点が可能であること

という要請が出てくる。

第6節　新テストはこれらの要請に応えられるか

　以下，これら7つの要請のそれぞれについて，現在構想されている新テストが応えることができるのか，どのような問題や課題があるのか，について順次，検討していきたい。

1．高品質の評価を実現することについて
　高品質の評価とは，評価すべき学力が明確に定義され，それを高い妥当性で評価できることをいう。
　新テストでは，評価すべき学力として，「知識・技能を十分有しているかの評価も行いつつ，『思考力・判断力・表現力』を中心に評価する」（高大接続システム改革会議，2016c，p.51）とされている。思考力と判断力と表現力が常にセットで表記されているが，これらはそれぞれ別々の能力であり，それぞれの能力のより明確な定義とその評価の方法を示していく必要がある。特に「表現力」は "writing skill"，"presentation skill" のようにスキルすなわ

ち「技能」であるから，もう１つのセット「知識・技能」に含まれるものと考えられ，理論的な整理が十分になされていない。また，最終報告には，「思考力・判断力・表現力を発揮できるには十分な知識・技能が前提」（高大接続システム改革会議，2016c，p.42，脚注60）という説明もあるが，それであれば十分な知識と技能をもった者のみが，思考力・判断力・表現力の評価の対象となりうることになり，現実に知識・技能が必ずしも十分でない受験者も多い中で，そもそも共通試験で評価すべき学力としての設定が適切かどうかという根本的な疑問も残る。

また，「知識」については，「知識の暗記・再生」（高大接続システム改革会議，2016c　最終報告，p.4，p.41，p.46）という表現にみられるように，きわめて矮小化したとらえ方がなされている。中央教育審議会が平成28年（2016年）12月21日に出した学習指導要領に関する答申では，「知識や技能は，思考・判断・表現を通じて習得されたり，その過程で活用されたりするもの」（中央教育審議会，2016，p.29）とされており，知識や技能が単に思考等の材料となるだけでなく，思考等を通じて習得される双方向的な関係にあることが指摘されている。知識をこのようにとらえ直した場合，最終報告でいう「知識・技能を十分有しているかの評価も行いつつ，『思考力・判断力・表現力』を中心に評価する」ということが，具体的に何をどのように評価することになるのか，再検討が必要である。

たとえば「思考力」についていえば，１問につき数分間という短い時間にすばやく考えて解を見つける能力もあれば，日頃の学習過程で疑問をもった内容について時間をかけて深く考え，より本質的な理解に到達する能力もある。後者の能力については，１問につき数分間で，その場で考えさせるような問題ではなく，学習過程で深く考えて本質的な理解に到達しているか，それとも表面的な理解にとどまっているかを問う問題が適している。そのような問題は，表面上「知識」を問う問題に見えるが，断片的，暗記・再生的な知識ではなく，深い思考を通して構築される知識を問うものである。

また「表現力」についても，試験時間中の短い時間に数十字程度記述する課題を与えられ，それに迅速に解答する能力もあれば，長い時間をかけて長文を書き，さらに時間をかけて推敲して首尾一貫した文章を完成させる能力もある。後者の能力については，たとえば複数の段落からなる長文を提示し

て，その段落構成の適否について問うとか，文章のスムーズな流れを損なっている箇所を同定させるとかの問題で，間接的に評価することができる。

「思考力」が必要だから試験時間中に思考させるとか，「表現力」が必要だから試験時間中に表現させるというのは，一見，真正な（authentic）評価に見えるが，具体的な評価課題が真に求められる能力を評価するものになっていないと，その目的を達成することはできない。短絡的に真正性を求めることだけが正解ではないのである。

評価の妥当性を問うためには，ここで述べたような「何を評価するのか」ということが明確になっていることが前提であり，そのうえで，「評価したい学力の高低がスコアにどれだけ反映されているか」を多角的に検証していくことになる。その「何を評価するのか」については，上述のような理論的整理の問題だけでなく，（3）で取り上げる受験者へのメッセージという観点からも，いまだ検討すべき重要な点が多々残っている。テスト設計の根幹にかかわる問題であり，そこを曖昧にしたまま，テストのかたちだけ作ろうとするのはきわめて危険なことである。

2．コストを全体として抑えることについて

この要請は，人的資源を共通試験に集中的に投入することによって，個々の大学の人的負担を減らして効率化するというように，大学にかかる負担・コストという観点からのものである。その観点からは，平成28年（2016年）8月31日に文部科学省が公表した「高大接続改革の進捗状況について（文部科学省，2016）」において，共通試験の記述式問題の採点を各大学が行うことが案の1つとして挙げられているのは，全体としてのコストを抑える方向に逆行するものと言えよう（文部科学省，2016）。この案については，平成28年（2016年）10月5日に，日本私立大学団体連合会が実質的に不可能との意見書（日本私立大学団体連合会，2016）を提出しており，同年12月8日には，国立大学協会も対案を示す（国立大学協会，2016）など，大学関係者からの支持は得られていない。

一方，受験者にかかるコストについては，記述式問題や英語の4技能試験を導入した場合，受験料が増額となることはほぼ確実であるが，これについては，新テストの設計自体が遅れているため，増額の幅が不明確な状況のま

まとなっている。しかし，受験者にかかるコストを考慮することなしに新テストの設計を進めると，コストが算出された段階で，そのコストゆえに設計の見直しが迫られる可能性もある。コストの見積もりも並行して行い，これを公表・共有して，広く意見を聴取しながら新テスト設計の検討を進める必要があろう。

3．何に向けて努力してほしいかのメッセージが明確であることについて

　これは第1項で述べた「何を評価するのか」ということと深く関係するが，ここでは，テスト設計の理論的基盤といったレベルではなく，受験者の学習行動というレベルで考えたい。

　新テストが「思考力・判断力・表現力」を中心に評価するとしたら，評価の低い受験者には，「思考力が足りない」，「判断力が足りない」，「表現力が足りない」というメッセージが伝わることになる。しかし，「思考力が足りない」，「判断力が足りない」と言われた受験者は，では何をすればよいのか，何に向けて努力すればよいのか，わからないだろう。何々に関する知識や理解が不十分であるというメッセージであれば，それを補強する努力をすることもできるが，思考力や判断力が足りないというのではどうしようもない。（なお，「表現力が足りない」というメッセージについては，より具体的に「どのような点で」と問うことにより，努力の方向性も見えてくる。それは「表現力」が「思考力・判断力」とは異なり，スキル，「技能」であるからである。）

　これは，受験者，それ以前に高校生の学習の目標，動機づけにかかわる重要な問題であり，指導する教師にとっても重要である。

　この点に関連して，たとえば「思考力」を，（1）で述べたように「日頃の学習過程で疑問をもった内容について時間をかけて深く考え，より本質的な理解に到達する能力」のように説明するとしたら，努力の方向性も見えてくる。そのような能力は学んだことについて疑問をもつことを大事にし，それを疑問のままにしないで考えたり，調べたり，質問したりすることによって身についてくると考えられる。

　「何を評価するのか」を示す際には，このように「何に向けて努力すればよいのか」が明確に伝わるような工夫が必要である。そして，入学者選抜は，

その努力が報われるようなものでなければならない。

　以下は，最終報告において，「評価すべき能力の明確化とそれを踏まえた作問」という見出しのもとに書かれている説明である（高大接続システム改革会議，2016c，pp.51-52）。

○上記の目的を達成するため，「大学入学希望者学力評価テスト（仮称）」においては，教科・科目の知識をいかに効率的に評価するかではなく，大学教育を受けるために必要な能力として，特に，
・内容に関する十分な知識と本質的な理解を基に問題を主体的に発見・定義し，
・様々な情報を統合し構造化しながら問題解決に向けて主体的に思考・判断し，
・そのプロセスや結果について主体的に表現したり実行したりするために必要な諸能力をいかに適切に評価するかを重視する。

（高大接続システム会議，2016c）

　このほかに教科・科目ごとの説明もあるが，「何に向けて努力すればよいのか」が明確に伝わるような説明にはほど遠い。

4．難度の高い項目から低い項目まで満遍なく揃えることについて

　最終報告には，「一般に『思考力・判断力・表現力』を中心に評価する問題を多く出題するとテストの難易度は上がる傾向にあることを念頭に置く必要がある」（高大接続システム改革会議，2016c　pp.58-59）との記述がある。また，マークシート問題について，「問題に取り組むプロセスにも解答者の判断を要する部分が含まれるよう工夫する」，「複数のテキストや資料を提示し，必要な情報を組み合わせ思考・判断させる」，「分野の異なる複数の文章の深い内容を比較検討させる」，「学んだ内容を日常生活と結びつけて考えさせる」，「他の教科・科目や社会との関わりを意識した内容を取り入れる」，「正解が一つに限られない問題とする」，「選択式でありながら複数の段階にわたる判断を要する問題とする」（高大接続システム改革会議，2016c　p.55）ことに留意するとされているが，これらはいずれも難度を上げる方向

に作用すると考えられる。従来のマークシート式が，消去法や間違い探しといった解答行動を生み，学習行動にも悪影響を与えているとの信念が一部の委員にみられ，それが上記のような「新しいマークシート式」の提案につながっていると考えられるが，それが難度にどう影響するか，また項目の識別力などにどのような影響があるかを実証的に調べながら，検討を進めていく必要がある。このままでは共通試験の難度が跳ね上がり，学力の中下位層にとっては難しすぎて選抜の機能が十分に果たせないテストになりかねない。また，学力の上位層にとっても，ひねくれた項目となって評価機能が劣化する可能性がある。

5．十分な数の項目を用意することについて

　項目数は，試験時間と密接に関わってくる。新テストの試験時間については，高大接続システム改革会議の座長を務め，現在，文部科学省高大接続改革チームリーダーである安西祐一郎氏が最近の記事で，国語に記述式問題を導入する際に現行80分を90分程度に延長という案を示している（安西，2016）が，新テスト全体として試験時間を延ばす話は出ていない。

　一方，第4項で述べたような「新しいマークシート式」は，難度が上がるだけでなく，解答に要する時間も長くなることが想定されるので，試験時間が同じならば項目数は減らさざるを得なくなる。また，もし記述式問題を導入することになると，記述式問題の解答に要する時間のため，項目数はさらに減ることが考えられる。

　項目数は，「たまたまこのような項目だったから出来た，出来なかった」という意味での非信頼性を抑え，テストの信頼性を確保するために必要なだけでなく，評価すべき内容領域をどれだけ広くカバーできるかという観点からも非常に重要なテスト属性である。単に，このような項目を入れたい，という観点からでなく，項目数に依存するテストの品質についても実証的に確認しながら設計を進めていく必要がある。

6．多様な大学のニーズに最大公約数的に応えるものであることについて

　現在の大学入試センター試験は，18歳人口の大幅な減少にもかかわらず，受験者が増加し続けており，それだけ多様な大学のニーズに応えられている

ということであろう。新テストは，いろいろな面で大学入試センター試験との差異化を図っているように思われるが，それらの差異化，つまり新テストの新しい部分は，各大学にどのように受け止められているだろうか。

記述式問題の導入によって大学での採点業務が生じる可能性があったことについては，第2項で述べたように大学団体から否定的な反応が見られたが，ではどこかに肯定的な反応を生んでいる部分はあるのだろうか。

筆者の所属する東京大学では，大学入試センター試験を第一段階選抜に有効に活用している。第一段階選抜があるから，個別試験において，本格的な記述式問題の出題が可能となっている。（東京大学の個別試験は文科各類と理科各類の2種類がある。非公式な調査結果だが，文科各類の受験者は試験全体を通して約5千字の記述が求められ，理科各類の受験者は同じく試験全体を通して約1万字の記述が求められている。）

また，平成28年度（2016年度）入試から導入した推薦入試においては，大学入試センター試験で900点満点の8割程度の成績をとることを求めている（理科三類では780点程度）。いわば資格試験的な利用をしているということである。一般入試と合わせると，1つの大学でも多様な活用をしていることになり，センター試験がそのニーズに応えていることになる。

このような現状から，新テストに移行したとき，各大学にとってどのようなベネフィットが生まれ，あるいは失われるかという観点からの検討が必要だろう。たとえば，東京大学の推薦入試については，「900点満点の8割程度」という現在の基準点をどうするかという問題に直面することになり，対応が必要となる。

7．採点基準が明確で，迅速な採点が可能であることについて

このことについての懸念は，記述式問題を導入するとした場合の採点である。

最終報告では，「記述式問題については，現在，国立大学の二次試験で行われているような解答の自由度の高い記述式ではなく，設問で一定の条件を設定し，それを踏まえて結論や結論に至るプロセス等を解答させる『条件付記述式』を中心に作問を行うことにより，問うべき能力の評価と採点等テスト実施に当たっての課題の解決の両立を目指す」（p.56）としており，採点

については，「記述式の解答については，例えば，上記の考え方に基づく作問において設定した条件への適合性を中心に評価し採点することが考えられる」（p.57）としている。つまり，作問においていくつかの条件を設定して，それに従うことを求め，採点の際には，その条件への適合性，すなわち条件に従っているかどうかを中心に評価するということである。「国立大学の二次試験で行われているような解答の自由度の高い記述式ではなく」と明記していることからも，解答の自由度を抑え，いくつかの条件への適合・不適合で，比較的機械的に採点できるようにしたいということである。

　現実的に50万人以上の受験者の記述式の解答を限られた期間で採点するとしたら，そのような方式に頼らざるをえないことは理解できるが，問題は，設定した条件に適合したら正答（または高得点），適合しなかったら誤答（または低得点）という採点基準で，受験者のどのような能力を評価していることになるかということである。最終報告では，「複数の情報を統合し構造化して新しい考えをまとめる思考・判断の能力や，その過程を表現する能力をよりよく評価するために，記述式問題を導入する」（p.56）とあるが，そのような能力の評価がはたして上述のような「条件付記述式」で可能かどうか疑問である。

　また，いったんあるタイプの問題が共通試験に導入されると，その問題への対策が立てられるようになる。そのような対策が教育的に望ましいものであれば特に問題はないが，解答の自由度を抑え，いくつかの条件への適合・不適合で機械的に採点できる問題にどのような対策が立てられるか，それは教育的にみて望ましいものかどうか，心配が残る。場合によっては不自然な記述式問題の導入によって，高校教育をゆがめかねないことから，この点の検討は非常に重要である。

　一方，最終報告で示されたこのような方向性とは別に，先に紹介した安西氏の最近の記事では，記述式問題の作問にあたって，次のような条件を設定するとしている。

　記述式問題　作問のポイント
　〔以下のような点を解答者が明確にして解答すべき問題であること〕
　・読み手の立場，目的，書き手の立場，論拠，伝えたい事柄などの違い

・語彙，形態，文体，語句，文間の関係，段落相互の間の関係などの表現
・文章や図表などの構造
・事実，意見，説明，例などの区別

（安西，2016）

そして，採点については以下のように述べている。

【採点】　右に示した意味的，構造的条件を満たす明確で標準的な文章や図表などを書く力を測ることが重要であり，解答の文章や図表などがこれらの条件を満たしているかを基本に採点する。

（安西，2016）

　作問にあたって「条件を設定する」，そして採点にあたって「条件を満たしているかを基本に採点する」という表現は，「条件付記述式」についてのこれまでの説明と表面的には整合しているが，そこでいう「条件」は，「意味的，構造的条件」であるとされ，たとえば，高大接続システム改革会議の第9回の配付資料に示された以下の例題における形式的，表面的な条件に比べ，ふみこんだ内容となっており，かつ多岐にわたっている。

　問　今後の公立図書館の在るべき姿について，あなたはどのように考えるか。次の1〜3の条件に従って書きなさい。
　条件1　200字以上，300字以内で書くこと（句読点を含む。）。
　条件2　解答は2段落構成とすること。
　　　　　第1段落には、今後の公立図書館が果たすべき役割として，あなたが重要と思うものについて書くこと。その際，文中に示された公立図書館の今後の可能性のうち，今，あなたが重要と考える事項を一つ取り上げ，本文中の言葉を用いて書くこと。
　　　　　第2段落には，仮にあなたが図書館職員だとした場合，図書館において，第1段落で解答した姿を実現するために，どの

ような企画を提案したいかを記すこと。

　　　その際，企画の内容に加えて企画の効果についても記すこと。

　条件3　本文中から引用した言葉には，かぎ括弧（「　」）を付けること。

（高大接続システム改革会議，2016a）

　なお，この例題については，高大接続システム改革会議の第10回において，担当者から以下の説明がなされており，採点にあたっても，この観点がベースとなるとしている。

（前略）これは300字の記述式問題のイメージ例でございますけれども，この場合においては，公立図書館の在るべき姿についてどのように考えるかということで条件に従って書きなさいというところをお示しさせていただいております。この条件１という部分につきましては文字数の取扱い，条件２につきましては段落構成ということ，また，第１段落ではあなたが重要と思うものについて書くといったようなこと，また，文中に示された今後の可能性のうちあなたが重要と考える事項を一つ取り上げて文章中の言葉を書いて書くといったこと，さらに，図書館職員だとしたらこの姿を実現するためにどのような企画を提案したいかといったことを示すということ，さらに企画の効果についても記すということ，さらに条件３といたしましてはかぎ括弧を付けるということ，これは一つには解答に当たっての条件でございますけれども，採点に当たりましても，一つにはこの観点をベースにしまして，ただ，これにプラスアルファして，付随して補足的に論理的な構成がとられているかといったところも含めて観点を設定いたしまして採点を行っていくということを考えていると。ですので，採点に当たっての観点はここの条件設定より少し増えることを想定しております。

（高大接続システム改革会議，2016b）

　安西氏が例示した条件は，実際の出題において具体的にどのようなかたち

で提示され，どのように採点基準に組み込まれるのかは明らかでないが，少なくとも，これまでの例題に比べ，「本格的な記述式」を志向しているように思われる。しかし，その一方で採点に時間がかかり，また採点者間で評価を統一するのが難しくなるように思われる。

国立大学協会（2016）は，新テストへの記述式問題の導入について，「具体的な問題例と採点基準等を十分に吟味・確認した上で，国立大学の一般入試の全受験生に課すことを検討したい」と述べている。安西氏から新たに示された作問と採点の方針の具体化を含め，今後，相当数の具体的な問題例と採点基準，そして試行データ等をもとに，記述式問題の導入のあり方について検討が必要である。そして，その検討状況によっては，記述式問題導入の是非そのものについても，あらためて検討する必要がある。

第7節　最後に

ここまで述べてきたように，新テストについて検討すべき課題，解決すべき課題はまだまだ非常に多い。新テストを2020年度に実施するという方針は，高大接続システム改革会議が始まる前に中央教育審議会において設定されたが，その期限にさしたる根拠があるわけではない。その期限にこだわることなく，最終報告で述べられたように十分な実証的・専門的な検討が行われること，そしてその検討の結果に応じて適切な見直しがなされることを願っている。

文　献

安西　祐一郎（2016）．大学入試の記述式問題出題意図，明確にせよ　日本経済新聞12月19日朝刊　日本経済新聞 Retrieved from http://www.nikkei.com/article/DGK-KZO10802040X11C16A2CK8000/

中央教育審議会（2016）．幼稚園，小学校，中学校，高等学校及び特別支援学校の学習指導要領等の改善及び必要な方策等について（答申）文部科学省 Retrieved from http://www.mext.go.jp/b_menu/shingi/chukyo/chukyo0/toushin/icsFiles/afeld-fle/2016/12/27/1380731_00.pdf

南風原　朝和（2015）．「入試選抜の測定問題」（講演），独立行政法人大学入試センター入学者選抜研究に関する調査室報告書2『大学入試センターシンポジウム

2014大学入試の日本的風土は変えられるか』，pp. 61-74.　大学入試センター　Retrieved from　http://www.dnc.ac.jp/albums/abm.php?f=abm00004972.pdf

南風原 朝和（2016a）．大学入試改革「新テスト」はどこに向かうのか？（インタビュー）サンデー毎日　2016年３月27日号，124-127.

南風原 朝和（2016b）．高大接続改革の技術的基盤――テスト理論活用の観点から――　日本テスト学会誌，12（１），94-99.

南風原 朝和（2016c）．巻頭インタビュー（インタビュー）　日経マガジン教育特集号　2016年６月30日，3-5. Retrieved from http://adnet.nikkei.co.jp/e/img/insertedEventImage.asp?e=02210&disptype= 1 &even titemid=0014&imageid=00001

南風原 朝和（2016d）．システムとしての大学入学者選抜（講演）　Y-SAPIX Journal 8・9月号，18-21.

南風原 朝和（2016e）．新テストのねらいと予想される帰結　指導と評価　2016年９月号，21-23.

南風原 朝和（2016f）．東京大学の入試改革と国の入試改革プラン（講演）　Campus Life vol. 48, 2016年９月号，19-20.　全国大学生活協同組合連合会 Retrieved from http://www.univcoop.or.jp/about/life/vol48-02.html

南風原 朝和（2016g）．共通試験と個別試験に求められるもの――測定論の観点から――（講演），第24回東北大学高等教育フォーラム 新時代の大学教育を考える [13] 報告書『大学入試における共通試験の役割――センター試験の評価と新制度の課題――』，pp. 7-23.　東北大学高度教養教育・学生支援機構　Retrieved from http://www.adrec.ihe.tohoku.ac.jp/wp/wp-content/uploads/2016/11/IEHE-TOHOKU-Report-68.pdf

南風原 朝和（2016h）．大学入試新テスト記述式案――高校国語ゆがめる恐れ――　日本経済新聞　2016年11月28日朝刊　日本経済新聞 Retrieved from http://www.nikkei.com/article/DGKKZO09986080W6A121C1CK8000/

南風原 朝和（2016i）．センター試験は本当に不要か？（インタビュー）　月刊私塾界　2016年12月号，58-61.

南風原 朝和（2016j）．高校の国語教育ゆがむ恐れ　開始時期こだわらず検証を（インタビュー）　AERA　2016年12月19日号，23-24. 朝日新聞出版 Retrieved from https://dot.asahi.com/aera/2016121400209.html

高大接続システム改革会議（2016a）．「大学入学希望者学力評価テスト（仮称）」で評価すべき能力と記述式問題イメージ例【たたき台】」（高大接続システム改革会議（第９回）配付資料）文部科学省 Retrieved from http://www.mext.go.jp/b_menu/shingi/chousa/shougai/033/shiryo/ icsFiles/afeldfle/ 2015/12/22/1365554_06_1.pdf

高大接続システム改革会議（2016b）．高大接続システム改革会議（第10回）議事録　文部科学省 Retrieved from http://www.mext.go.jp/b_menu/shingi/chousa/shougai/033/gijiroku/1369071.htm

高大接続システム改革会議（2016c）．最終報告　文部科学省 Retrieved from http://www.mext.go.jp/component/b_menu/shingi/toushin/__icsFiles/afieldfile/2016/06/02/1369232_01_2.pdf

国立大学協会（2016）．大学入学者選抜試験における記述式問題出題に関する国立大

学協会としての考え方　国立大学協会　Retrieved from http://www.janu.jp/news/
fles/20161208-wnew-exam-comment.pdf

文部科学省（2016）．高大接続改革の進捗状況について　文部科学省 Retrieved from
http://www.mext.go.jp/b_menu/houdou/28/08/1376777.htm

日本経済新聞（2016）．大学入試改革「最終報告」，有識者会議4人の見方　変わる大
学入試（下）　日本経済新聞電子版 Retrieved from http://www.nikkei.com/article/
DGXMZO98808120U6A320C1I00000/

日本私立大学団体連合会（2016）．「大学入学希望者学力評価テスト（仮称）」の検討
状況に関する意見　2016年10月5日 Retrieved from　http://www.shidai-rengoukai.jp/
information/img/281006.pdf

第 **2** 部

大学入学共通テストの
個別問題

大学入学共通テストが目指すかたち

　平成29年（2017年）７月13日公表の「大学入学共通テスト実施方針」に
よって新しい共通テストの名称が正式に「大学入学共通テスト」と定まり，
高大接続改革で行われる改革の内実が固まった。公表資料の冒頭，大学入学
共通テスト実施方針の説明が始まる前のページに改革の全体像がコンパクト
に描写されていたのが図I-1である（文部科学省，2017）。改革の柱が３本
建てられており，そのうちの２本が共通テストに関わる改革，１本が個別選
抜に関わる改革となっている。共通テストについてはセンター試験が「択一
式問題のみ」であったところから「記述式の導入」を行い，さらに，英語で
測定する能力を「『読む』『聞く』のみ」から「4技能評価へ転換（下線は原
典のとおり）」することとされている。個別選抜については「学力の3要素
が評価できていない入試」，「早期合格による高校生の学習意欲低下」の現状

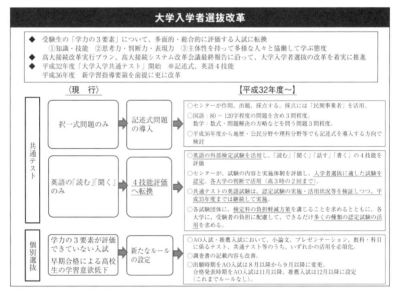

図I-1　「大学入学者選抜改革」の図式

出典：文部科学省（2017）「大学入学者選抜改革について」

に対して「新たなルールの設定」を行うこととなっており，具体的には AO 入試・推薦入試の選抜資料，出願時期・合格発表時期，調査書の改善，という 3 つの方策が挙げられている。

　第 2 部では改革の 3 本柱のうち，共通テストに関わる二つの改革について，特定の具体的なテーマに焦点を絞ってデータを収集し，実証的に分析した研究を 4 編採録した。

　第 5 章は既に令和 3 年度（2021年度）入試から導入という当初計画の延期が決まった英語民間試験に関する研究である（秦野，2019）。英語民間試験に対して疑問を投げかける意見の中には，複数の異なる目的や仕様の試験による結果を一律に扱えるのか，という観点からの批判があった。第 5 章の研究は長文読解用英文や使用語彙の難易度，文章の長さという，比較的分かりやすく数値化しやすい要因に焦点を当て，複数の英語民間試験の難易度を比較検討したものである。当然，複数の試験を比較する観点は他にも数多く考えられるだろう。本来ならば，政策の方向性が定められる前に，様々な課題についてこのような研究が行われ，十分な証拠をもって疑問点に応える用意をしておくのがあるべき姿であろう。第 5 章の研究はそのような課題の一つについて，追試しやすい簡便な方法を用いて実証的に検討した事例として大きな意義がある。

　第 6 章～第 8 章は共通テストへの導入の見直しが決まっている記述式問題について行われた実証的研究を取り上げたものである。

　第 6 章は共通テストに取り入れられることとされていた記述式問題がそもそも「何を測ろうとしているのか」を明らかにしようとしたものである。第 6 章の研究は，冒頭，p.114の脚注にもある通り，平成28年度（2016年度）～令和 2 年度（2020年度）科学研究費基盤研究（A）（一般）「高大接続改革の下での新しい選抜方法に対する教育測定論・認知科学・比較教育学的評価（研究代表者　倉元直樹）」の一環として行われたものだが，これに続く一連の研究は文部科学省委託事業の一部として継続された。

　ちなみに，図 I- 2 は委託事業の全体像である。大学入学者選抜改革推進委託事業は平成26年度（2016年度）～平成30年度（2018年度）の 3 年計画で実施された。当初，5 件の事業に21大学・機関が選定されたが，途中で多少の入れ替わりもあったようだ。既に事業期間を終えてその成果も公表されて

図I-2　大学入学者選抜改革推進委託事業選定機関
出典：文部科学省（2016）「高大接続改革の進捗状況について」p.37

いる。編者らは北海道大学を代表大学とする「人文社会分野（国語科）」の
一員として委託事業に参画した。事業内容は個別試験を対象にした実証研究
である。従来の個別試験「国語」で測定されてきた資質・能力を詳らかにし，
これから求められる資質・能力を測定する入試問題のプロトタイプを開発す
るという目的を持った事業であった。代表大学である北海道大学を中心とす
るグループが高大接続改革の主旨に沿った新しいタイプの試験問題を開発し，
編者ら東北大学のグループは入試問題が測定する資質・能力を定量的に評価
する役割を担った。それがちょうど，科学研究費補助金による研究の一環と
して構想されようとしていた研究の問題関心と一部重なっていたのである。
すなわち，委託事業で託されたミッションは個別試験の改善に置かれている
一方で，科学研究費研究の主たる関心は，共通テストに新たに加わる記述式
問題に向けられていた。そこが二つの研究の本質的な相違点であるが，逆に
言えば，その他の点で二つのプロジェクトにおける研究テーマはピタリと重
なっていた。

第2部　大学入学共通テストの個別問題

　第6章に関連する研究成果が初めて全国大学入学者選抜研究連絡協議会における口頭発表の形で公開されたのは，平成29年（2016年）5月である（宮本・庄司・田中・石上・倉元，2016；庄司・宮本・田中・石上・倉元，2016）。学術論文として公表されたのはその翌年になるが，調査が計画されたのは平成28年（2016年）後半，実際にデータが収集されたのは同年11月のことであった（田中・宮本・倉元，2017，2018）。当時は高大接続改革会議における審議の最中であり，共通テストの記述式問題がどのようなものになるのかについて情報がなく，手探り状態であった。当初，手掛かりとなる具体的な資料としては，平成27年（2015年）12月に高大接続改革会議の第9回会議の会議資料として公表された「イメージ例（たたき台）」が唯一の存在であった（高大接続システム改革会議，2015）。したがって，第6章の研究には，研究の素材として「イメージ例」の問題が用いられている。具体的には，国語と数学についてこの「イメージ例」の問題に加え，大学入試センター試験，個別試験のいわゆる「過去問」からピックアップした問題を与わせて試験問題冊子を作成し，モニター調査を行った。モニター生が実際に解いて感じた印象を分析し，イメージ例を既出の過去問と比較したものである。

　モニター調査の素材，すなわち，試験問題として用いられた「イメージ例」のうち，国語は交通事故の発生数等に関する複数のグラフを読み解き，設問に対して40字以内（問1）と80〜100字（問2）で答えを求められる2問の小問から成る。2度の大規模な試行調査を経て令和3年度（2021年度）入試で実施されることとされていた大学入学共通テストにおいて，国語の記述式問題は大問形式で小問3問の構成，最も長い解答を求められる小問の文字数が80〜120字と公表されていた（独立行政法人大学入試センター，2019）。後述する数学と比較すると，出題方針に関してさほど大きな変化は見られない。一方，数学については，当初，イメージ例で想定されていた問題内容とは相当に開きのある記述式問題が大学入学共通テストで課されることになっていた。数学における「イメージ例」の問題は，証明問題を含み，解答者にかなりの量を記述させるタイプの小問3問で構成されていた。ところが，試行調査で提出された問題及び大学入学共通テスト問題作成方針を見る限りでは，大学入学共通テストでは簡単な数式等で答えるタイプ問題が出題されることになっていた。この間に出題方針に関して大きな方針転換があったこと

が見て取れる。第6章はそういう意味では、実際の大学入学共通テストの出題方針とは若干乖離したものになっているかもしれない。むしろ、原点に立ち返り、元々高大接続改革が目指していた共通テストの在り方がどのようなものあったかを検証する役割を担っている。

　第6章の研究で最も重要な点は、試験問題が「何を測ろうとしているのか」を解答者自身に尋ねていることだ。テストは試験問題と解答者の組合せでその良し悪しが決まるもので、試験問題単独では良問か否かの判断はできない。一般的に言って、大規模テストで良問を出題するための準備を行うためには、実際の解答者を構成する母集団を想定したデータ収集とその分析が必須のプロセスになる。第6章で行われたような研究は、手間や費用がかかり、短期間で簡単に成果が得られるものではない。それでも、実施的に成果を挙げることが可能な改革の方向性を見出すには、時間をかけて地道な実証研究の積み重ねを経る必要があるのではないだろうか。第6章の研究にはそのような主張が込められている。

　第7章の研究は、期せずして共通テストへの記述式問題導入の根拠を問う役割を担うこととなった。この研究を実施するきっかけになったのは、高大接続システム改革会議の最終答申において「現行の『一般入試』について指摘されている課題」として「知識に偏重した選択式問題が中心で記述式問題を実施していない場合もある（高大接続システム改革会議，2016，p.47）」と指摘されていたことである。当該の記述の前には、箇条書きで「大学によっては、一般入試の試験科目が1〜2科目のみとなっている場合もあること」と記載されていたことから、この箇所は一部の私立大学の入試の現状を指したものだろうと推測された。そこで、この改革が国立大学の入試をターゲットとしたものではないことを裏付けるために計画されたのが第7章の研究だったのである。先行研究を探したが、国立大学の個別試験の出題形式について実際に調査した研究が見当たらなかったため、平成27年度（2015年度）一般入試個別学力試験問題（前期日程，後期日程）で出題されたほとんどすべての入試問題について、最小単位（枝問）にさかのぼって「客観式」「記述式」といった解答形式を調べることとした。

　このテーマにおける初めての研究成果の公表は、日本テスト学会第14回大会における口頭発表で、平成28年（2016年）9月9日のことである（宮本他，

2016; 庄司他，2016）。この時点では，「国語」「数学」「英語」の3教科を分析対象としていた。ところが，あにはからんや，文部科学省は「高大接続改革の進捗状況について」を公表し，その中で「国立大学の二次試験における『国語』『小論文』『総合問題』に関する募集人員の概算（図I- 3）」を根拠の一つとして共通テストに記述式問題を導入する方針を示した。それが8月31日のことである（文部科学省，2016）。学会発表と「実施方針」の公表日には9日間の開きしかない。研究のためのデータ整理には，数か月の時間が掛かっていることから，第7章の研究が「実施方針」に見られた図I- 3の解釈を否定する意図で行われたものではないことだけは明白である。

　第7章は，他の教科・科目についても小問単位で出題形式の分析を行ったデータを加えた上で，宮本他（2016），庄司他（2016）をまとめ直して学会誌に投稿し，掲載されたものである（宮本・倉元，2017）。一方，図I- 3に示した「実施方針」の資料は「国語」「小論文」「総合問題」の実施の有無を調べたのみであり，出題された個々の問題の形式に踏み込んだものではない。残念ながら，国立大学が記述式問題を出題していない，という根拠には使え

国立大学の二次試験における国語、小論文、総合問題に関する募集人数の概算	別紙2

国立大学の二次試験において、国語、小論文、総合問題のいずれも課さない学部の募集人数は、全体の61.6%（49,487人／80,336人）

（学部単位の募集人数の合計）

	募集人数	国語			小論文		総合問題		国語、小論文、総合問題のいずれも課さない
		必須	選択	課さない	課す	課さない	課す	課さない	
前期	64,787	15,803	4,757	44,227	3,949	60,838	1,149	63,638	39,470
		24.4%	7.3%	68.3%	6.1%	93.9%	1.8%	98.2%	60.9%
後期	15,549	50	258	15,241	4,203	11,346	1,041	14,508	10,017
		0.3%	1.7%	98.0%	27.0%	73.0%	6.7%	93.3%	64.4%
全体	80,336	15,853	5,015	59,468	8,152	72,184	2,190	78,146	49,487
		19.7%	6.2%	74.0%	10.1%	89.9%	2.7%	97.3%	61.6%

※下段は割合

注1）「小論文」と「総合問題」について、選択科目となっている場合は、「小論文を課す」「総合問題を課す」として計上している。
注2）総合問題とは、複数教科を総合して学力を判断する総合的な問題を指す。

※各大学の発行する「入学者選抜要項」を基に作成

図I- 3　国立大学の二次試験における国語，小論文，総合問題に関する募集人員の概算
出典：文部科学省（2016）「高大接続改革の進捗状況について」p.18

ない。「記述式問題とは何か」という定義にまつわる議論はあるだろうが，少なくとも，国立大学の個別試験における記述式問題の出題は「国語」「小論文」「総合問題」には限定されないものである。また，逆に，「国語」「小論文」「総合問題」における出題が全て記述式とは限らない。図Ⅰ-3に示された基礎データそのものが事実であることを疑う理由はない。しかし，そこから導かれた解釈は，実態を反映していない。

　第7章の研究に関連する内容は，その後，全国紙で取り上げられるなど，ある程度世の中に知られる機会があった（例えば，朝日新聞，2016）。しかしながら，この研究成果が共通テストへの記述式導入の議論に対して，さしたる影響を与えることはなかった。もし，こういった事実誤認に基づいて重要な政策決定がなされてしまったとすれば，その決定は多くの人にとって納得が行くものにはならないのではないだろうか。高校，大学の現場に非常に大きな影響を与える内容の改革である。せめて，共通テストに記述式問題が必要となる有力な根拠としてこれ以外の事実を示し，それをもって高大接続改革システム改革会議のような公的にオーソライズされた公開の場で，記述式導入の是非について議論してほしかったと感じるのは編者だけだろうか。

　第8章は記述式問題の出題に関して，その後に提起された「80字」を目安とする基準を受け，記述式問題を再分類して第7章のデータを再集計した結果を示したものである（宮本・倉元，2018）。詳しい経緯は第8章を参照していただきたい。「80字以上」「80字以下」という目安が，記述式問題の質的な違いをどのように反映する基準なのかは定かではない。しかし，少なくとも現在の実情を事実として正確に把握する努力は常に必要なことだと言える。第8章はそのための試みの一つを示したものである。

文　献

朝日新聞（2016）．国立大の2字記述式88％　東北大調査　入試改革議論に影響も12月19日，総合3面

独立行政法人大学入試センター（2019）．令和3年度大学入学者選抜に係る大学入学共通テスト問題作成方針　大学入試センターRetrieved from　https://www.dnc.ac.jp/news/20190607-03.html〉（2019年11月26日）

秦野　進一（2019）．資格・検定試験における長文読解用英文の難易度比較　大学入試研究ジャーナル，29，176-182．（第5章原典）

高大接続システム改革会議（2015）．「大学入学希望者学力評価テスト（仮称）」で評

価すべき能力と記述式問題イメージ例（たたき台）　高大接続システム改革会議（第9回）配付資料別紙3　文部科学省 Retrieved from http://www.mext.go.jp/b_menu/shingi/chousa/shougai/033/shiryo/__icsFiles/afield-file/2015/12/22/1365554_06_1.pdf（2019年11月26日）

高大接続システム改革会議（2016）．高大接続システム改革会議「最終報告」　文部科学省 Retrieved from http://www.mext.go.jp/b_menu/shingi/chousa/shougai/033/toushin/1369233.htm（2019年11月20日）

宮本 友弘・倉元 直樹（2017）．国立大学における個別学力試験の解答形式の分類　日本テスト学会誌, 13, 69-84.（第7章原典）

宮本 友弘・倉元 直樹（2018）．国立大学の個別学力検査における記述式問題の出題状況の分析──80字以上の記述式問題に焦点を当てて──　大学入試研究ジャーナル, 28, 113-118.（第8章原典）

宮本 友弘・庄司 強・田中 光晴・石上 正敏・倉元 直樹（2016）．国立大学の入試問題における解答形式の研究 (1)──研究の背景──　日本テスト学会第14回大会発表論文集, 40-41.

文部科学省（2016）．高大接続改革の進捗状況について　文部科学省 Retrieved from http://www.mext.go.jp/b_menu/houdou/28/08/__icsFiles/afield-file/2018/04/25/1376777_001.pdf（2019年11月24日）

文部科学省（2017）．大学入学者選抜改革について　文部科学省 Retrieved from http://www.mext.go.jp/b_menu/houdou/29/07/__icsFiles/afield-file/2017/07/18/1388089_002_1.pdf（2019年11月24日）

庄司 強・宮本 友弘・田中 光晴・石上 正敏・倉元 直樹（2016）．国立大学の入試問題における解答形式の研究 (2)──平成27 (2015) 年度一般入試における国語・数学・英語の解答形式──　日本テスト学会第14回大会発表論文集, 42-43.

田中 光晴・宮本 友弘・倉元 直樹（2017）．新共通テスト（イメージ例）が測定する資質・能力の分析 (1)──高校生対象のモニター調査から──　全国大学入学者選抜研究連絡協議会第12回大会研究発表予稿集, 13-18.

田中 光晴・宮本 友弘・倉元 直樹（2018）．新共通テスト（イメージ例）が測定する資質・能力の分析──高校生対象のモニター調査から──　大学入試研究ジャーナル, 28, 1-6.（第6章原典）

倉元 直樹

資格・検定試験における長文読解用英文の難易度比較[1]

東北大学高度教養教育・学生支援機構　特任教授　秦野　進一

第 1 節　はじめに

　令和 2 年度（2020年度）[2]より現在のセンター試験に代わる大学入学共通テストが始まり，同時に民間業者による英語の資格・検定試験の本格的な利用も始まる。受験生が個々の資格・検定試験の目的や特徴を理解したうえで利用する試験を選ぶことが望ましいが，現状ではこれらの試験について十分理解されているとはいいがたい。

　これまで英語の入試問題に関する研究では，英文と語彙の難易度について多くの研究が行われてきた。英文の難易度を測定するためには，Flesch Reading Ease などのリーダビリティ指標が用いられ，語彙の難易度を測定するためには何らかの語彙データベースを用いてカバー率を測定するなどの方法が取られてきた。例えば Kikuchi（2006）は，国立・私立の平成 6 年（1994年）と平成16年（2004年）の個別試験の問題について，3 つのリーダビリティ指標を用いて分析し，2 つの年の難易度はほぼ同じであり，そのレベルは英語の母語話者にとっても大変難しいレベルであると報告している。また長谷川・中條・西垣（2011）は，大学入試センター試験と個別試験で使用される語彙について，中学・高校の英語教科書語彙と British National Corpus を用いて分析し，「難しかった」と言われた平成21年（2009年）のセンター試験の問題は，中学・高校の英語教科書語彙でのカバー率が91.8％と例年より低

1　本章は，『大学入試研究ジャーナル』第29巻に同一のタイトルで執筆された論文を再録したものである（秦野，2019，文献リストは第 2 部 Introduction「大学入学共通テストが目指すかたち」の末尾に記載）。執筆当時の著者の所属・肩書は現在と同じ。

2　実施年度。当該入試の受験者の大学入学年度は令和 3 年度（2021年度）。

かったこと，個別大学入試問題の難易度レベルは中学・高校英語教科書と比較して明らかに難易度が高いことを報告している。

入試問題と同様に中学・高校の教科書を対象に英文や語彙の難易度を分析する研究も進められてきた。例えば根岸（2015）は，中学・高校・大学の英語教科書と大学入試センター試験および個別入試の英文についてリーダビリティを比較し，中学3年と高校1年の間には大きなギャップが存在すること，センター試験の難易度は，高校の上のレベルの教科書の平均的難易度よりもやや高く，英語力の上位層の受験者の弁別が必要と思われる国立大学の入試問題はセンター試験の難易度よりもさらに高いことなどを報告している。

一方，資格・検定試験については，試験の実施団体が自らの試験について分析したものや予備校が受験生対象の雑誌で各資格・検定試験の特徴をまとめたものなどは存在しているが，まだ十分な研究は行われていないのが実情である。

そこで本研究では，英語の入試問題においては読解が中心となっていることを鑑み，各資格・検定試験で使用されている長文読解用の英文を分析し，文章と使用語彙の難易度を比較・検討することで，それぞれの資格・検定試験が持つ特徴と差異を明らかにすることを目的とする。

第2節　研究の方法

1．分析対象の英文

大学入学共通テストで利用される英語の資格・検定試験として大学入試センターに申請のあった試験のうち，以下の試験の長文読解用英文を対象とする。なお本論文では250語以上の英文を長文読解用の英文と定義する。

① 英検（2級）

② GTEC（Advanced）

③ TEAP

　（以上，日本の実施団体）

④ IELTS（アカデミック・モジュール）

⑤ ケンブリッジ英検（PET: Preliminary English Test）

⑥ TOEFL

（以上，海外の実施団体）[1]

それぞれの試験の分析に使用した英文は以下の通りである。

英検：平成17（2017年）年度第2回2級用問題

GTEC：Advanced のサンプル問題

TEAP：ウエブサイト[2]で公開している見本問題

TOEFL：「ETS 公認ガイド TOEFL iBT（第四版）CD-ROM 版 Educational Testing Service（ETS）日本語版監訳 林功 出版社 McGraw-Hill 出版 2013」に掲載されているリーディング演習問題①〜③

IELTS：ウエブサイト[3]で公開されているアカデミック・モジュールのサンプルテスト

　大学入学共通テストの英語試験は令和5年度（2023年度）までの実施は決まっているが，それ以降については資格・検定試験の実施・活用状況等の検証後に決められることになっている。大学入学共通テストの英語試験が実施されなくなった場合，資格・検定試験が大学入学共通テストや個別試験の代替の試験として利用される可能性もある。そのため現行のセンター試験（平成29年度［2017年度］本試験）と東北大学の個別試験（平成29年度［2017年度］前期）の長文読解用英文も比較のため本論文の分析対象とした。

　なお問題に使用されている250語以上の英文については下線，記号，番号等，問題作成者によって付加されたものは取り除き，また空欄に単語，語句，文章などを補充する問題がある場合には，空欄に正解を入れた上で文章の難易度の調査を行った。

　また注釈のついている語は，たとえ難しい語であっても受験生にとってはすでに意味のわかっている語となるため，語彙の難易度の分析の際には，上記の処理を行った文章からすべて削除した上で分析を行った。

2．分析方法

　長文読解用英文の難易度は「文章の難易度」と「語彙の難易度」の二つの観点から測定を行った。

2.1 文章の難易度

　文章の難易度を数値化するために Lexile Measure[4]を使用した。Lexile Measure は米国 Meta Metrics 社が開発した指標で，「一文あたりの長さ」と「単語の出現頻度」で文章の難易度を測定する。一文の長さが長く，各単語の出現頻度が少ない文章は難易度が高く，一文が短く，各単語の出現頻度が多い文章は難易度が低いという考えに基づく指標である。この指標は900L，1,000L のように数値に L の記号を付けて表され，数値の大きい方が難易度が高い。例えば大田（2016）によれば，高等学校のコミュニケーション英語Ⅱの検定教科書（内容が難しめで1レッスンの分量も多いタイプ）の平均は915L となっている。この指標は，文章の難易度と読み手の読解力を同じ指標で表すことができるため，読み手の読解力に合ったテキストを探すときなどに海外で広く活用されている。手順としてはテキストファイル化した調査対象の英文を Lexile Analyzer[5]という分析ツールにかけ，Lexile Measure を算出した。この指標は元々英語母語話者を対象にしたものなので，外国語としての英語学習者に対しても同じように適用できるのかどうかは今後の検証を待たなくてはならないが，同じ単語がどの程度繰り返し使われているかという英文の表現上の観点も考慮した指標であるため，本研究では主たる指標として採用した。

　また英語圏の教育関係者によって一般的に使用されている Flesch Reading Ease と Flesch-Kincaid Grade Level の二つの指標も妥当性検証のために利用した。これらの指標は，「一文あたりの長さ」と「一語あたりの平均音節数」を元に各々の公式に基づいて算出される。一文の長さが長く，単語の平均音節数の多い文章は難易度が高く，一文が短く，単語の平均音節数が短い文章は難易度が低いという考えに基づく指標である。Flesch Reading Ease のスコアは0から100までの数値で表され，60〜70が標準的な難しさで，数が小さいほど英文が難しいことを表す。2017年度センター試験の第6問の英文は67.1，2017年度東北大学前期試験1番の英文は50.2であった（表5-8，表5-9参照）。

　また Flesch-Kincaid Grade Level は Flesch Reading Ease の公式に改良を加えたもので，結果が米国の学年の児童・生徒の読解レベルを表す値で示されるもので，「6」は小学校6年生レベル，「9」なら中学3年生レベルの英文で

あることを表す。2017年度センター試験の第6問は8.4なので中学2年，2017年度東北大学前期試験1番の問題は11.8なので高校3年生直前程度となる。Flesch Reading Ease と Flesch-Kincaid Grade Level は Word の校閲機能にも使用されており，機能をオンにすればスペルチェック後に「読みやすさの評価」としてスコアが表示される。これらの測定にはネット上で公開されている Readability Formulas[6] の Automatic Readability Checker を使用した。

2.2 語彙の難易度

　語彙の難易度を数値化するために「単語レベルチェッカー」[7] を使用した。「単語レベルチェッカー」では中学・高校の検定教科書とセンター試験10年分（平成20年〜平成29年［2008年〜2017年］本試験のみ）の単語データベースを基に英文の単語レベルチェックを行った。各問題で使用される英文の延べ語数と異語数，難語数を求め，英文中の異語数における難語数の比率（難語率）と高3までの教科書及びセンター試験で使われる単語で英文がどの程度カバーされているかというカバー率を調査した。なお本論文ではこのデータベースに入っていない語，すなわち「中学・高校の教科書で学んでいる単語，及び過去10年間のセンター試験で出題された単語以外の語」を難語と定義する。また難語数は文中に繰り返し出現しても1つと数える異語数で数えた。

第3節　結果

1．概況

1.1　文章

　Lexile Measure の平均がセンター試験と最も近かったのは GTEC であった。英検，TEAP はセンター試験よりやや難しく，次いでケンブリッジ英検，TOEFL，IELTS と難しくなっている。IELTS と TOEFL は1200L を超えているが，これは東北大学の前期個別試験問題の難易度（1235L）に近い。他の二つの指標でもほぼ同じ傾向を示している。Flesch Kincaid Grade ではセンター試験と GTEC がアメリカの中学1年生レベル，英検が中学2年生，

表5-1　資格・検定試験別難易度平均一覧

	大問数	総延べ語数	平均語数	英文難易度			語彙難易度		
				Lexile	Flesch	F-K-G	平均難語数	難語率（％）	カバー率（％）
英検（2級）	4	1237	309.3	1022.5	60.8	8.6	3.0	2.2	97.9
GTEC（Advanced）	3	1190	396.7	936.7	67.2	7.8	0.0	0.0	100.0
TEAP	4	1687	421.8	1042.5	53.3	10.2	4.8	2.2	97.8
IELTS	3	*2150-2750	642.8	1220.0	50.7	11.3	20.4	7.5	92.5
TOEFL	3	1941	647.0	1213.3	43.0	12.2	27.7	9.7	90.3
ケンブリッジ英検（PET）	3	1350	450.0	1146.7	61.2	10.0	3.0	1.2	98.8
平均	3.3	1593-1693	477.9	1096.9	56.0	10.0	9.8	3.8	96.2
（参）センター試験	3	1770	590.0	963.3	68.4	7.7	0.0	0.0	100.0
（参）東北大学	2	1763	881.5	1235.0	46.7	12.1	30.0	8.5	91.5

* IELTS はウェブサイト7）に「長文は3題出題。全体で2150-2750words」と記述があるため総延べ語数にはこの値を記載。

TEAP とケンブリッジ英検が高校1年生，IRLTS が高校2年生，TOEFL が高校3年生レベルであった。

1.2　語彙

　総延べ語数は GTEC，英検の1,200語前後から IELTS の2,450語まで，およそ2倍の開きがある。ケンブリッジ英検を除いて海外に本部のある実施団体（以降海外団体）の試験の方が延べ語数が多い傾向が見られる。大問1問あたりの平均延べ語数も英検，GTEC，TEAP がそれぞれ309.3，396.7，421.8であり，ケンブリッジ英検が少し多い450，そして IELTS，TOEFL がそれぞれ642.8，647.0と海外団体の方が長めの英文を出題している傾向がある。センター試験の総延べ語数は1,770語であり，これは調査した資格・検定試験の平均延べ語数1,642.5 に近い。またセンター試験の大問1問あたりの平均延べ語数は590なのでこれは海外団体の試験の延べ語数に近い。

　高3までの教科書とセンター試験の語彙データベースでのカバー率は，GTEC が100％，英検，TEAP，ケンブリッジ英検もほぼ100％であり，1題あたりの難語数も0から5語程度である。それに対し IELTS と TOEFL のカバー率はそれぞれ92.5％，90.3％とやや開きがある。この二つのカバー率は東北大学の91.5％に近い。また1題あたりにつき20語を超える難語も含まれている。

2. 資格・検定試験ごとの特徴

2.1 英検

　文章については，2 A，2 B の英文はそれぞれ260語程度で Lexile Measure が990L と980L とほぼ同じレベルであった。また 3 A，3 B の英文もともに360語程度で Lexile Measure が1,020L と1,100L とほぼ同じレベルであった。他の二つの指標にも同じ傾向が見られるので，二つある大問ごとに分量，難易度がほぼ同じの 2 種類の英文を使用していることがうかがえる。Flesch Kincaid Grade によれば，だいたいアメリカの中学 1 年生から中学 3 年生のレベルの難易度である。

表 5 - 2　難易度一覧（英検）

英検	延べ語数	英文難易度			単語レベルチェッカー			
		Lexile	Flesch	F-K-G	異語数	難語数	難語率	カバー率
2A	259	990	61.6	8.5	131	1	0.8	99.2
2B	258	980	65.4	7.7	113	5	4.4	95.6
3A	359	1020	56.6	9.2	158	1	0.6	99.4
3B	361	1100	59.6	9.0	176	5	2.8	97.2
総計	1237				578	12		
平均	309.3	1022.5	60.8	8.6	144.5	3.0	2.2	97.9

　語彙については，1 題に難語がせいぜい数語あるだけなので，ほぼセンター試験並みと言える。

2.2　GTEC

　文章については，出題されている 3 問の難易度に大きな差があることが特徴である。この点はセンター試験の構成と似ている。2 番の Lexile Measure の1,300L は今回調査した資格・検定試験のすべての問題の中で最も難易度が高く，3 番の560L は最も難易度が低い。センター試験の平均的な難易度と同程度の難易度の英文が一題，そしてその問題よりかなり易しい英文が一題とかなり難しい英文が一題出題され，平均するとほぼセンター試験と同レベルの難易度となっている。Flesch Kincaid Grade ではアメリカの小学校 2 年生から高校 3 年生のレベルであった。

　語彙については，すべての問題で難語が 0 であった。

表 5-3　難易度一覧 (GTEC)

GTEC	延べ語数	英文難易度			単語レベルチェッカー			
		Lexile	Flesch	F-K-G	異語数	難語数	難語率	カバー率
1	397	950	65.6	7.7	185	0	0	100
2	318	1300	43.4	12.9	167	0	0	100
3	475	560	92.6	2.9	203	0	0	100
総計	1190				555	0		
平均	396.7	936.7	67.2	7.8	185.0	0.0	0.0	100

2.3　TEAP

　文章については，270語前後のほぼ同程度の難易度の英文が 2 題と，延べ語数がほぼ倍の580語前後でやや難しい英文が 2 題出題されている。英検と共同開発しただけに，二つある大問ごとに分量，難易度がほぼ同じの 2 種類の英文を使用するという問題構成がとてもよく似ている。ただし英検よりは問題間の難易度の差は少し大きくなっている。Flesch Kincaid Grade ではアメリカの中学 2 年生から高校 2 年生レベルである。

　語彙については，難語数はさほど多くはないが，後の問題に行くごとに少しずつ難語の使用が増えている。

表 5-4　難易度一覧 (TEAP)

TEAP	延べ語数	英文難易度			単語レベルチェッカー			
		Lexile	Flesch	F-K-G	異語数	難語数	難語率	カバー率
3A1	270	980	58.6	8.8	141	0	0	100
3A2	274	1040	59.6	9.6	135	2	1.5	98.5
3B1	580	1150	50.6	11.1	253	8	3.2	96.8
3B2	563	1000	44.4	11.2	227	9	4	96
総計	1687				756	19		
平均	421.8	1042.5	53.3	10.2	189.0	4.8	2.2	97.8

2.4　IELTS

　文章については，Readability の三つの指標ともだいたい同一の難易度の英文を使用している。IELTS が公開しているサンプル問題は抜粋版となっており，かつ 1 回の試験での出題分よりも多く公開されている。ウエブサイト[8]によれば，「文章の長さは全体で2,150語～2,750語」と説明されているので，サンプル問題で公開されているような英文からいくつかを出題し，総延べ語

数を統制していると推察される。なお表中の総計については中央値を使い2,450とした。また異語数と難語数の総計欄については，1回分の試験の総計とならないため記入していない。Flesch Kincaid Grade ではアメリカの高校1年生から高校3年生レベルである。

　語彙については，難語数は6語から33語と問題によってばらつきがある。

表5-5　難易度一覧（IELTS）

TEAP	延べ語数	英文難易度			単語レベルチェッカー			
		Lexile	Flesch	F-K-G	異語数	難語数	難語率	カバー率
1	336	1230	53.1	10.9	165	6	3.6	96.4
2	667	1240	50.5	10.9	309	16	5.2	94.8
3	550	1280	51.2	11.3	229	29	12.7	87.3
4	1104	1180	49.9	11.4	399	33	8.3	91.7
5	557.0	1170	48.7	12.1	240	18.0	7.5	92.5
総計	2150–5750				×	×		
平均	642.8	1220.0	50.7	11.3	268.4	20.4	7.5	92.5

* 長文は3題出題。全体で2150語 – 2750語

2.5　TOEFL

　文章については，600語程度で難易度が同等の英文が三つ使われている。Flesch Kincaid Grade では高校1年生から大学1年生程度となっている。なおIELTS と TOEFL の三つの英文については Lexile Measure と他の二つの指標で難易度の傾向が異なっている。

　語彙については，1題あたりの難語数が20語〜30語，カバー率が概ね90％前後とやや低い。

表5-6　難易度一覧（TOEFL）

TEAP	延べ語数	英文難易度			単語レベルチェッカー			
		Lexile	Flesch	F-K-G	異語数	難語数	難語率	カバー率
1	664	1170	33.5	13.5	299	32	10.7	89.3
2	661	1220	41.8	12.2	271	24	8.9	91.1
3	616	1250	53.6	10.9	284	27	9.5	90.5
総計	1941				854	83		
平均	647.0	1213.3	43.0	12.2	284.7	27.7	9.7	90.3

2.6　ケンブリッジ英検

　文章については，分量も難易度もやや異なる三つの英文を使用している。Lexile Measure はセンター試験の平均的な難易度と比べてやや高めである。Flesch Kincaid Grade では中学 2 年から高校 3 年程度の英文が使用されている。

　語彙については， 1 題あたりの難語数が 0 語～ 6 語，カバー率も100％近くとほぼセンター試験並みである。

表 5 - 7　難易度一覧（ケンブリッジ英検）

ケンブリッジ英検	延べ語数	英文難易度			単語レベルチェッカー			
		Lexile	Flesch	F-K-G	異語数	難語数	難語率	カバー率
Part 2	611	1070	61.7	9.2	253	6	2.4	97.6
Part 3	452	1270	44.7	12.7	236	3	1.3	98.7
Part 4	287	1100	77.1	8	148	0	0	100
総計	1350				637	9		
平均	450.0	1146.7	61.2	10.0	212.3	3.0	1.2	98.8

2.7　センター試験

　文章については，三つの問題の難易度の差が大きい。Flesch Kincaid Grade でアメリカの小学 3 年生から高校 2 年生までの幅がある。

　語彙については，データベースの基準なのでカバー率100％である。

表 5 - 8　難易度一覧（センター試験）

センター試験	延べ語数	英文難易度			単語レベルチェッカー			
		Lexile	Flesch	F-K-G	異語数	難語数	難語率	カバー率
4A	499	1220	50.1	11.3	200	0	0	100
5	678	600	88.1	3.3	581	0	0	100
6	593	1070	67.1	8.4	577	0	0	100
総計	1770				1358	0		
平均	590.0	963	68.4	7.7	452.7	0.0	0.0	100

2.8　東北大学

　文章については，難易度の高い同程度の英文が 2 題出題されている。Flesch Kincaid Grade ではアメリカの高校 2 年生から 3 年生レベルである。

表 5 - 9　難易度一覧（東北大学）

東北大学	延べ語数	英文難易度			単語レベルチェッカー			
		Lexile	Flesch	F-K-G	異語数	難語数	難語率	カバー率
1	994	1250	50.2	11.8	406	25	6.20	93.8
2	769	1220	43.2	12.3	324	35	10.8	89.2
総計	1763				730	60		
平均	881.5	1235.0	46.7	12.1	365.0	30.0	8.5	91.5

　語彙については，難語が1題につき25語と35語と多い。カバー率も90％前後である。

◆◇◆ 第4節　考察

1．文章の難易度

　個々の資格・検定試験の問題ごとの特徴を見ると GTEC が560L から1,300L，センター試験が600L から1,220L と難易度に相当な幅があるのに対し，英検は980L から1,100L，TEAP が980L から1,150L，ケンブリッジ英検が1,070L から1,270L，IELTS が1,170L から1,280L，TOEFL が1,170L から1,250L といずれも難易度に大きな幅はなかった。センター試験と GTEC は幅広い学力の受験生に対応するため，このような難易度に幅のある構成になっていると思われる。また IELTS と TOEFL は他の資格・検定試験に比べると平均的に高めになっている。ウエブサイト[9]によれば TOEFL は「アメリカ，イギリス，オーストラリア，ニュージーランド，カナダのほぼ全ての大学をはじめとした，130カ国10,000以上の機関が，TOEFL テストスコアを英語能力の証明，入学や推薦入学，奨学金，卒業の基準として利用しています。」とあるように英語圏の多くの大学で留学志望者の英語力を計るために利用されている。また IELTS もウエブサイト[10]で「イギリス，オーストラリア，カナダ，ニュージーランドのほぼ全ての高等教育機関で認められており，アメリカでも TOEFL に代わる試験として入学審査の際に採用する教育機関が3,000を超え，英語力証明のグローバルスタンダードテストとして世界中で受験者が増え続けています。」とあり，TOEFL 同様に英語圏への留学志望者の英語力を証明する試験として利用されている。たとえば大学入学後に留学関係の

プログラムに応募することを考えている受験生にはメリットとなる特徴といえる。したがってこれら二つの試験で使われる読解用の英文が，他の資格・検定試験で使われる読解用の英文よりも難易度がやや高くなっているのは自然なことであると思われる。参考までに米国の学校の学年で難易度を表すFlesch-Kincaid Grade Level では IELTS が高校1年生から高校3年生レベル，TOEFL は高校1年生から大学1年生レベルとなっている。

ケンブリッジ英検は海外団体による試験であるが，ウエブサイト[11]によれば「日本の大学生の試験データをもとに1980年代に再開発された試験が，今日の PET（B1レベルの中級試験）の原型になっているなど，日本の学校教育との相関性が高いことが分かります。」とあるように日本人学習者のデータを元に開発されたことがわかる。また英検のように受験級が細かく分かれているため，英語圏への留学に利用する場合には，今回の調査で使用したPET より難易度の高いファースト（FCE），アドバンスト（CAE），プロフィシエンシー（CPE）などを受験することが多い。そのため PET では TOEFL，IELTS ほど難しい英文が使用されていないと思われる。

表5-10は英語4技能資格・検定試験懇談会[12]が運営する「英語4技能試験情報サイト」[13]で紹介されている資格・検定試験と CEFR との対照表から今回調査対象とした試験を載せたものである。今回の調査で，算出する段階の幅が広ければ使用する英文の難易度の幅も広いというわけではないということがわかった。

GTEC のように幅広い難易度の英文を使用して4段階に及ぶスコアを算出している資格・検定試験もあれば，IELTS のようにほぼ同一の難易度の英

表5-10　資格・検定試験 CEFR との対照表　文科省（H.30.3）

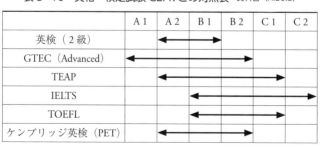

	A1	A2	B1	B2	C1	C2
英検（2級）		←	→			
GTEC（Advanced）	←			→		
TEAP		←		→		
IELTS			←			→
TOEFL			←		→	
ケンブリッジ英検（PET）		←	→			

文を使用して B 1 から C 2 までの 4 段階のスコアを算出している資格・検定試験もある。各実施団体によって考え方，算出方法等が行っていることがわかる。また当然のことではあるが英検，ケンブリッジ英検のように，級別に分かれて問題を課す場合には対象となる段階は狭くなっている。

2．語彙の難易度

　語彙については，国内の実施団体による資格・検定試験の英検，GTEC，TEAP と海外団体のケンブリッジ英検についてはほぼセンター試験と同等の難易度の語彙で構成されていたが，海外団体の IELTS と TOEFL についてはやや難語の使用率が高かった。日本の実施団体による資格・検定試験は主として日本で学校教育を受け，日本国内の大学への進学を考えている受験生を対象として設計されているのでセンター試験と同等の難易度の語彙で構成されているのは想像に難くないが，海外実施団体によるケンブリッジ英検（PET）も同様にセンター試験と同等の難易度の語彙で構成されていることがわかった。

　IELTS と TOEFL は第 4 節第 1 項で述べたように英語圏の大学への留学志望者の英語力を証明するために利用されている試験であるため，使用語彙もその目的に叶うためのものとなっていると考えられる。

　以上の結果からわかるように令和 2 年度（2020年度）より本格的に大学入試で利用される各資格・検定試験の長文読解用英文の難易度にはかなりの差がある。大雑把に分類すれば，文章においては GTEC はほぼセンター試験と同レベルの難易度，IELTS と TOEFL が東北大の個別試験と同レベルの難易度，そして英検と TEAP，ケンブリッジ英検がその中間に位置する難易度であった。語彙に関しては IELTS と TOEFL が東北大学の前期個別試験と同レベルの難易度，それ以外に関してはセンター試験と同レベルであった。

　また同程度の難易度の英文を複数使用している資格・検定試験もあれば，難易度に差がある英文を複数使用している資格・検定試験もあった。このような違いは，それぞれの資格・検定試験がどの程度の英語力の受験生を想定しているか，またどのような目的の試験なのか，どのような方法でスコアを算出するかなどの違いによって生じていると思われる。

第5節　今後の課題

　センター試験の後継である大学入学共通テストの英語問題は令和5年度（2023年度）まで継続することは決まっているが，翌年度以降は未定である。もしなくなった場合には資格・検定試験がその役割を担う可能性が高いが，果たしてそこに問題はないのであろうか。今後，他の3技能の試験内容についても分析を行い，資格・検定試験を共通テストの代替の試験として利用することの是非について検証する必要があると思われる。その際に考えられる視点としては，例えばリスニングであれば，リスニング用の英文の難易度，ライティングでは，書かせる分量，テーマ，試験時間，スピーキングでは，試験時間，形式（個人か集団か，対面かコンピュータか）などが考えられるであろう。

　またIELTSとTOEFLの三つの英文とケンブリッジ英検の二つの英文については Lexile Measure と他の二つの指標で異なった難易度の傾向を示している。具体例をあげるとTOEFLの1番と3番を比較すると，Lexile Measure では1番が1170L，3番が1250Lと3番の方が難しいと表されているが，Flesch-Kincaid Grade Level では1番が13.5，3番が10.9と3番の方が易しいと表されている。英文の難易度を形状面のみで数値化することの限界であると思われる。今回の分析において海外実施団体の試験にのみこの傾向が表れていることが単なる偶然なのか，それとも他の要因が影響しているのか，などは今後解明すべき課題として残っている。

　なお今回の調査は，使用されている英文の難易度であって，読解問題の難易度ではない。たとえ難易度の高い英文を使用しても平易な問題を作ることは不可能ではないし，その逆も可能である。今後は問題内容の比較・検討，あるいは難易度の比較等の分析が求められよう。

　また資格・検定試験の条件として「高等学校学習指導要領との整合性が図られていること。」（文部科学省，2017）とあるので，今後，各資格・検定試験の問題は高等学校学習指導要領を念頭に置いて修正・変更が加えられる可能性がある。今研究はあくまで平成30年（2018年）2月19日段階で入手できたサンプル問題を分析した結果であることを最後に付け加えておきたい。

注

1 ）TOEIC については Part 7 の Multiple Passages では合計で300語以上の英文も出題されているが，ウエブ広告とそれと関連する内容の E メールなど，異なった様式の文書が組み合わされているものがほとんどである。そのため読解力以外の，例えば各文書の様式を理解した上で情報を探すなどの能力も問われる内容となっているため，本研究の調査対象からは除外した。ケンブリッジ英検の Part 2 も複数の英文で構成されている問題であるが，同じ様式の英文が続いて出ているため，受験者が通して長文を読むことが想定されるので調査対象として扱った。

2 ）<http://media.eiken.or.jp/teap/reading/teap_sample_reading.pdf>（2017.11.7）

3 ）<https://www.ielts.org/about-the-test/sample-test-questions>（2018.2.22）

4 ）<https://www.lexile.com/>（2018.3.4）参照

5 ）<https://lexile.com/educators/tools-to-support-reading-at-school/tools-to-determine-a-books-complexity/the-lexile-analyzer/>（2018.2.22）

6 ）<www.readabilityformulas.com/flesch-grade-level-readability-formula.php>（2018.2.22）

7 ）単語レベルチェッカー 2017 ［CD-ROM］ イーキャスト

8 ）<http://www.eiken.or.jp/ielts/test/pdf/info_for_candidates_japanese.pdf>（2018.3.7）

9 ）<https://www.cieej.or.jp/toefl/toefl/index.html>（2018.2.6）

10）<www.eiken.or.jp/ielts/merit/>（2018.2.6）

11）<http://www.cambridgeenglish.org/jp/images/177172-for-schools-cos-relationship-flyer.pdf>（2018.2.6）

12）平成26年12月に 4 技能にわたるテストの学校の授業や大学入学者選抜等における活用を促進することを目的に文部科学省に発足した「英語力評価及び入学者選抜における英語の資格・検定試験の活用促進に関する連絡協議会」に参加する 6 つの試験運営団体による懇談会。教育関係者，受験者，保護者等に，ポータルサイトの運営や指針作り等を通して，適正かつ包括的な英語 4 技能試験の内容・レベル・活用事例等の情報提供を行うことを目的とする。

13）<http:// 4 skills.jp/qualification/comparison_cefr.html>（2018.2.23）

引用参考文献

中條 清美・長谷川 修治（2004）．語彙のカバー率とリーダビリティから見た大学英語入試問題の難易度　日本大学生産工学部研究報告 B, *37*, 45-55.

Greenfield, J. (2004). Readability Formulas For EFL. *JALT Journal, 26*(1), 5-24.

長谷川 修治・中條 清美・西垣 知佳子（2011）．中高英語教科書語彙から見た大学入試問題語彙の難易度　日本実用英語学会論叢, *17*, 45-53.

早坂 信・MacGregor, L.・中島 和郎・大森 裕二（2008）．大学英語入試問題の調査研究　学習院大学外国語教育研究センター紀要「言語・文化・社会」, *6*, 139-229.

Kikuchi, K. (2006). Revisiting English Entrance Examinations at Japanese Universities after a Decade. *JALT Journal, 28*(1), 77-96.

木村 真治・Visgatis, B. (1993). 大学入試問題と高校英語教科書の難易度比較：リーダビリティーの分析　JACET 全国大会要綱32, 187-190.

清川 英男（1996）．リーダビリティ公式とその応用　現代英語教育 9 月号，31-35.

MacGregor, L. (2004).　Readability in English Entrance Examinations　学習院大学外国語教育研究センター紀要「言語・文化・社会」, *2*, 139-200.

文部科学省（2017）．大学入試英語成績提供システム参加要件　第4-4

根岸 雅史（2015）．Lexile Measure による中高大の英語教科書のテキスト難易度の研究　*ARCLE REVIEW*, *9*, 6-16.

大田 悦子（2016）．Lexile Measure を用いた中高英語教科書の難易度比較　白山英米文学, *41*, 1-20.

谷 憲治（2008）．大学入試センター試験語彙と高校英語教科書の語彙比較分析　日本実用英語学会論叢, *14*, 47-55.

第章

新共通テスト（イメージ例）が測定する資質・能力の分析[1]

文部科学省総合教育政策局調査企画課外国調査係　専門職　田中　光晴

東北大学高度教養教育・学生支援機構　准教授　宮本　友弘

東北大学高度教養教育・学生支援機構　教授　倉元　直樹

第 1 節　問題と目的

　文部科学省は新しい大学入試の制度設計を進めている。これに伴い，令和2年度（2020年度）導入予定の新共通テスト「大学入学希望者学力評価テスト（仮称）」で採用する記述式問題の「イメージ例」が平成27年（2015年）末に公表された。国語の「例1」は，多様な見方や考え方が可能な題材として，警察庁事故統計資料に基づいて作成された交通事故の発生件数，負傷者数，死者数のグラフが示され，それを基にした高校生の話し合いの内容について考えを表現する問題であった。高大接続システム改革会議（2016）では，記述式を導入する意義として，より主体的で論理的な思考力・判断力の発揮が期待できるとしている。この「イメージ例」については，専門家会議の委員から「高校教育が変わる」と評価する意見が出た一方で，採点の方法やコストといった課題が指摘されている。

　テストは，学力を測定するための「ものさし」としてのみ存在するわけではない。テストが，教師と学習者，選抜者と被選抜者との関係の中で，社会システムの一つとして実施されるとすれば，テストは単なるものさしとしてだけでなく，各自により様々な意味や価値づけが行なわれる。「テスト」を

1　本章は，『大学入試研究ジャーナル』第28巻に「新共通テスト（イメージ例）が測定する資質・能力の分析——高校生対象のモニター調査から——」と題して掲載された文章を再録したものである（田中・宮本・倉元，2018，文献リストは第2部 Introduction「大学入学共通テストが目指すかたち」の末尾に記載）。第1著者の執筆当時の所属・肩書は東北大学高度教養教育・学生支援機構・講師である。第2著者，第3著者は現在と同じ。本章の末尾にある通り，本章の研究は JSPS 科研費 JP16H02051 の一環として行われたものであり，著者ら個人としての研究成果を記したものである。本章の内容は各著者の現所属における公式見解とは無関係である。

入試という意味に限って使用すれば，学習者は様々な影響を「テスト」から受けるわけである。この場合，テストの開発者側の判断で測定しようとする特性を十分に測定できているかだけを満たせば良問であるという事にはならない。「テストがどのような影響を学習者に与えるのか」ということまでも含めて考えるべきである。いわゆるテストの波及効果（washback effect）（Anderson & Wall, 1993）として論じられてきた問題である。

　テストの開発者が規定する測定内容のみでは，一般的に表面的妥当性（face validity）を満たすにすぎない。表面的妥当性とは「テスト課題が想定されたテスト得点の解釈やその利用に対して有する外見上の適切性」であり，「受検者や様々な関係者からのテストの受容を促すために努めて築かれる概念」である。しかしながら，「外見上の適切性は（測定された）特性の解釈について保証するものではない（以上，Kane, 2006　p.36　筆者訳）」。したがって，「テストが何を測っているのか」という事実は様々な側面から多角的，かつ，実証的に検証していく必要がある課題なのである。特に，大学入試のようなハイステークスな場面で用いられるテストでは，開発者側が高次な能力を測ろうと企図しても，学習者は想定されていたこととは別の学習行動を起こすことが考えられる。したがって，テストを作成する際には，「学習者にどのように見えるのか」ということを意識する必要がある。

　本研究で取り上げる「イメージ例」も例外ではない。高校生の目に，既存の入試問題と比べどう映ったのかを明らかにする必要がある。「イメージ例」が開発者側の判断で「新しい」タイプの問題だとされていても，高校生が「その課題によって測られている資質・能力は変わらない」と感じていたら，それは見た目だけが新しいということになる。一方，文部科学省が提示する養成したい資質・能力が「イメージ例」でしか測れないというのであれば，既存のテストは大いに改善の余地があることになる。

　そこで本研究では，既存の大学入試問題（センター試験や個別学力試験）と「イメージ例」に対して，高校生がどのような印象をもち，それらの問題を解くのにどのような資質・能力が必要だと認知しているかについて比較検討する。したがって，実際にこれらのテストが高校生のある資質・能力を測定できているかどうかを問うわけではない。つまり，テストが「実際に何を測っているか」というテスト自体の性能ではなく「何を測っていると思う

か」というテストを受ける側の認知に着目することに本研究の特徴がある。なお，本研究では平成29年（2017年）5月に公表された「モデル問題」は対象としていない。

第2節　方法

1．調査対象

　本調査では，調査内容の難易度の問題に十分解答する必要があるため，進学校に協力依頼を出し承諾が得られた1校で実施した[1]。対象者は高校2年生の214名で，実施時期は平成28年（2016年）11月である。本報告ではこの調査から得られた結果を報告する。その後平成29年（2017年）2月から3月にかけて同様の調査を全国4か所で行なっている。その結果は別稿としたい[2]。

2．調査内容

2.1．試験問題の抽出

　各試験問題の特徴（出題形式，分野，出典）については表6-1の通り。なお，調査対象者の基礎的能力を測定するために平・前川・小野・林部・内田（1998）が開発した語彙テストから項目反応理論（IRT）の項目パラメタに基づき20項目を選定し，国語の第1問とした。

　また，試験問題の選定については，テストの形式を保つため，国語では表6-1の通り，分野のバランスを重視した。数学では，分野による影響を排除するため，出題分野をモデル例（三角関数）に合わせた。

2.2．試験問題評価用質問紙の設計

　国語と数学の試験ごとに2種類の質問紙を作成した。試験直後に実施するもので，①解答時間（80分）の評価，②同じ問題の解答経験，③各問題の難易度の評価と解答時間，④無解答問題の有無とその理由，⑤各問題に対する印象（SD法），⑥各問題を解答するのに必要な資質・能力，⑦意見・感想の自由記述等について尋ねた。

表6-1　各問題の出典・分野・解答形式

国語		第2問	第3問	第4問
	出題形式	マークシート（セ試）	新しい記述（新イ）	伝統的記述（個試）
	分野	論説文	説明文	小説文
	出典	平成22年度センター本試験問題	「大学入学希望者学力評価テスト（仮称）」問題イメージ〈例1〉	平成23年度東北大学前期日程試験問題
数学		第1問	第2問	第3問
	出題形式	マークシート（セ試）	伝統的記述（個試）	新しい記述（新イ）
	分野	三角関数	三角関数	三角関数
	出典	平成21年度センター追試験問題	平成14年度東北大学前期日程文系問題	「大学入学希望者学力評価テスト（仮称）」問題イメージ〈例4〉

※セ試：センター試験　新イ：大学入学希望者学力評価テスト（仮称）イメージ例　個試：個別学力試験

　本報告が主に使うデータは上記⑤と⑥である。⑤各問題に対する印象については、SD法を採用し、それぞれの試験問題に対し個々の調査対象者がそれぞれの好みや経験に応じて感じる感情的意味を測定することにした。前述したように、試験が与える調査対象者側への影響を調査対象者の立場から評定することを目的としているためである。SD法では多くの形容詞対を両側に置いた評定尺度群が用いられる。それらの形容詞対は、「良い－悪い」など価値に関係したものだけでなく「温かい－冷たい」、「強い－弱い」など多面的であるのが特色である（大山・岩脇・宮埜，2005）。本調査では、「つまらない－おもしろい」、「嫌いな－好きな」、「ふざけた－まじめな」、「古い－新しい」、「奇抜な－典型的な」、「意地悪な－素直な」、「むりそうな－できそうな」、「解きたくない－解きたい」、「下品な－上品な」、「役に立たない－役に立つ」、「実力がわからない－実力がわかる」、「無意味な－有意義な」の12項目を設定し、5段階尺度で構成した。

　また、資質・能力の抽出については、「高大接続改革の進捗状況について」（文部科学省，2016）に示された資質・能力（国語に関する「資質・能力」）

と中央教育審議会答申（平成26年［2014年］12月22日）の「別添資料4」（言語に関する思考力・判断力・表現力と数に関する思考力・判断力・表現力）から抽出した。抽出した23項目中（後掲，表6-4）1，21，22，23の4項目は数学と関連した資質・能力，その他19項目は国語と関連した資質・能力と捉えられる。質問紙では，項目1を除いて同じ項目を設定し，それぞれの大問を解くのに必要と思う資質・能力すべてに○をつけさせるようにした。

3．調査の手続き

調査はクラスごとに集団で実施された。まず，国語の試験を実施し（80分），終了後，質問紙に回答してもらった（10〜15分）。休憩後，数学も同様の手順で実施した。

4．分析方法

以上の調査から得られたデータのうち，印象については評定値の平均を問題ごとにプロットし，有意差検定を行なった。資質・能力については問題とのクロス集計表を作成し，対応分析を適用し，視覚的に各項目の関係を2次元平面上にマッピングした。尚，対応分析においては最大3軸まで取り，もっともそれぞれの項目の布置が解釈しやすい2軸を選んだ。

第3節　結果

1．印象の分析

図6-1は，国語のプロフィールを示したものである。それぞれの問題を要因にして分散分析を行なった結果，表6-2の通りとなった。

第1問（語彙）は，他の問題と比べ，より「できそうな」，「解きたい」，「役に立つ」という印象であった。第2問（セ試）は，相対的に「嫌いな」，「まじめな」，「意地悪な」，「無理そうな」，「解きたくない」問題であるが「実力がわかる」という印象であった。問題の種類が論説文であることを考慮するとマークシート方式という解答形式の印象というよりは「論説文」に

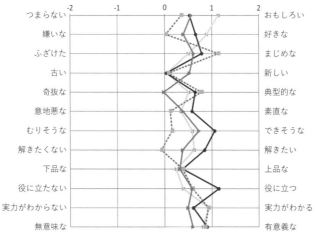

図６−１　国語の各問題への印象

表６−２　国語の問題間の印象差

	F	多重比較の結果 (Bonferroni, $p<.05$)
つまらない	32.81**	セ試＝語彙＝新イ＜個試
嫌いな	32.58**	セ試＜新イ＜語彙＝個試
ふざけた	42.72**	個試＝新イ＜語彙＜セ試
古い	26.99**	語彙＝個試＝セ試＜新イ
奇抜な	39.59**	新イ＝個試＝語彙＝セ試
意地悪な	14.35**	試セ＜個試＝新イ＝語彙
むりそうな	53.04**	セ試＜個試＝新イ＝語彙
解きたくない	38.21**	セ試＜新イ＜個試＝語彙
下品な	4.69**	個試＜語彙＝セ試，個試＝ 新イ，新イ＝個試＝セ試
役に立たない	46.50**	個試＜新イ＝セ試＜語彙
実力がわからない	16.79**	新イ＝語彙＜個試＝セ試
無意味な	8.50**	新イ＜個試＝セ試＝語彙

** $p<.01$

対する印象と解釈できよう。第３問（イメージ例）の特徴は「新しい」,「奇抜な」,「実力がわからない」,「無意味な」という印象であった。調査対象者にとってイメージ例はこれまで国語の問題として出題されるものとは少し異

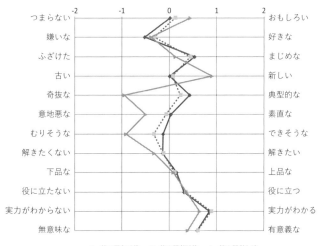

図6-2　数学の各問題への印象

表6-3　数学の問題間の印象差

	F	多重比較の結果 (Bonferroni, $p < .05$)
つまらない	20.33**	セ試＝個試＜新イ
嫌いな	3.02	
ふざけた	29.21**	新イ＜個試＝セ試
古い	127.12**	セ試＝個試＜新イ
奇抜な	188.47**	新イ＜個試＝セ試
意地悪な	39.87**	新イ＜個試＝セ試
むりそうな	50.60**	新イ＜個試＜セ試
解きたくない	4.02	
下品な	2.87	
役に立たない	0.29	
実力がわからない	8.54**	新イ＜セ試＝個試
無意味な	9.81**	新イ＜個試＝セ試

** $p < .01$

なるものとして映ったようである。最後に第4問（個試）は，「おもしろい」，「好きな」，「解きたい」，「役に立たない」という印象であった。第4問は小説文であったが，第2問同様，記述式問題というよりも出題分野に対する印

象として捉えることが自然である。

　図6-2は，数学のプロフィールを示したものである。それぞれ問題を要因にして分散分析を行なった結果，表6-3の通りとなった。

　第1問（セ試）と第2問（個試）の傾向はほぼ同様である。大きく異なるのは第3問である。第3問（イメージ例）は，他の問題と比べ相対的に「おもしろい」，「ふざけた」，「新しい」，「奇抜な」，「意地悪な」，「むりそうな」，「実力がわからない」，「無意味」な問題という印象であった。大学入試の過去問や各種教材での勉強に慣れてきた生徒にとって第3問は奇異に映ったことが見て取れる。一方，「嫌いな」，「解きたくない」，「下品な」，「役に立たない」では，問題間で有意差はなかった。いずれの問題も「嫌いな」と印象を与えるのは，国語と異なる点で，数学という科目や数学の各問題で扱った三角関数の領域に対する印象とも解釈できよう。

2．資質・能力の分析

　資質・能力について当該問題の解答に対して「必要」と答えた調査対象者の比率を表6-4に示す。「1数学的概念」は国語で必要とされていない能力・資質である。「2言葉の働き」～「20表現力」は国語の新指導要領や新テストなどで必要と構想される資質・能力，「21統計的思考力」～「23図やグラフ」は同様に数学に関する資質・能力である。各資質・能力の項目ごとに，相対的に最も多くの調査対象者が○を付した項目をボールドで示している。

　つづいて，以上の結果を全体として概観するために資質・能力について対応分析の結果を示す（図6-3，図6-4）。ここではより解釈が容易と考えられる，第1軸を横軸（イナーシャ＝.205，寄与率56.9％），第3軸（イナーシャ＝.059，寄与率16.4％）を縦軸に描いた散布図と第2軸（イナーシャ＝.067，寄与率18.6％），第3軸の散布図に基づいて解釈を行う。

　図6-3は，第3軸を縦軸に，第1軸を横軸にとったものであり，3つの群に分かれる。第1群では，国語第1問（語彙）と言語文化，言葉の特徴，言葉の働き，歴史継承，言葉の使い方，一般常識と近接していることがわかる。

　第2群には，数学の全問題と国語第2問（セ試），国語第4問（個試）が布置されており，近接する資質・能力は論理的思考力，感受性，粘り強さ，感情統制力，読解力，イメージ表現，多様な考え，思考形成，伝達力，要約力

表6-4　「資質・能力」が必要と回答した調査対象者の比率

	国語				数学		
	第1問 (語彙)	第2問 (セ試)	第3問 (新イ)	第4問 (個試)	第1問 (セ試)	第2問 (個試)	第3問 (新イ)
1 数学的概念					**96.3%**	82.2%	62.6%
2 言葉の働き	**90.7%**	53.7%	21.5%	36.9%	22.9%	29.0%	54.7%
3 言葉の特徴	**76.2%**	40.7%	15.4%	24.3%	19.6%	27.6%	36.0%
4 言葉の使い方	**76.6%**	44.9%	45.3%	42.1%	9.8%	23.4%	41.1%
5 言語文化	**49.1%**	36.0%	12.6%	23.8%	2.8%	4.7%	12.6%
6 一般常識	**68.2%**	52.8%	**68.2%**	24.3%	8.9%	6.5%	30.8%
7 情報集約	0.5%	36.9%	**92.1%**	29.9%	21.5%	24.8%	65.0%
8 文章評価力	0.9%	28.0%	79.9%	**82.2%**	6.1%	31.8%	36.4%
9 感受性	22.0%	32.7%	33.6%	**87.4%**	46.7%	63.6%	74.3%
10 イメージ表現	6.5%	25.7%	69.2%	**87.4%**	40.2%	61.7%	78.5%
11 伝達力	7.9%	33.6%	**83.6%**	80.8%	17.3%	67.8%	72.4%
12 思考形成	2.3%	56.1%	**71.5%**	63.1%	31.3%	55.1%	68.2%
13 感情統制力	10.7%	35.5%	22.0%	**48.1%**	22.0%	22.9%	29.9%
14 歴史継承	**34.6%**	28.0%	9.3%	16.8%	3.3%	4.7%	9.3%
15 粘り強さ	4.7%	69.6%	52.8%	64.5%	51.9%	65.0%	**80.4%**
16 多様な考え	4.2%	45.8%	67.8%	30.8%	43.0%	51.4%	**78.5%**
17 読解力	3.3%	**97.7%**	40.2%	92.5%	21.0%	34.1%	70.6%
18 要約力	1.4%	65.0%	48.1%	**77.6%**	2.3%	8.9%	21.0%
19 表現力	3.3%	36.0%	81.3%	**85.5%**	4.2%	33.2%	41.1%
20 コミュニケーション	11.2%	10.3%	**54.7%**	32.7%	1.4%	5.6%	9.8%
21 統計的思考力	0.9%	16.4%	**87.9%**	7.5%	11.7%	16.4%	38.3%
22 論理的思考力	1.4%	**83.6%**	40.2%	49.1%	40.2%	58.4%	62.1%
23 図やグラフ	0.0%	3.7%	**87.9%**	1.9%	53.3%	41.1%	76.6%

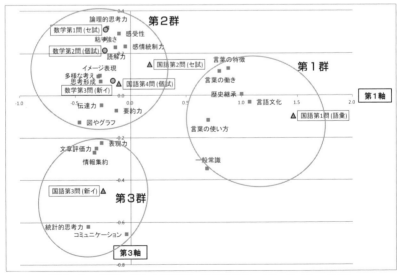

図6-3　資質・能力と各問題への印象のマッピング（1-3軸）

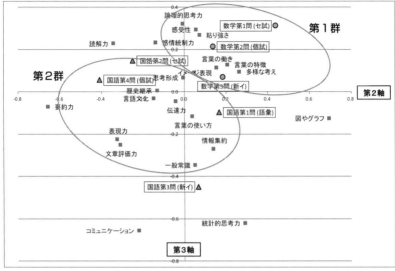

図６-４　資質・能力と各問題への印象のマッピング（２－３軸）

である。第３群は国語第３問（イメージ例）が布置されたが，資質・能力は表現力，文章評価力，情報集約，統計的思考力，コミュニケーションである。

　図６-４は，第２軸を横軸に，第３軸を縦軸にとったものであり，大きく２群に分かれる。第１群は，数学の各問題が布置されているが，第３問（イメージ例）が，言葉の働きや言葉の特徴，多様な考えと近接していることが興味深い。一方第２群は，国語の第３問（イメージ例）を除いた問題が布置され，歴史継承，言語文化，思考形成，伝達力，表現力，言葉の使い方が近接する資質・能力として認知された。

◆◇◆

第４節　考察

　本研究の分析から，各試験問題は高校生によって次のように受けとめられていることがわかった。

　まず，資質・能力の項目を主に国語で必要となる要素から作成したにもかかわらず，数学の問題でもある程度測られていると判断された。数学第３問

（イメージ例）は，これまでにない新しい奇抜な問題として映った一方で，資質・能力の観点からは，他の問題とそれほど異なったものとは認知されておらず，しいて言えば国語の問題を解くのに必要な資質・能力と近いものとして捉えられていた。このことは，数学でも国語で培おうとする資質・能力を使わないと解けない問題を設定することが可能であるということを示す一方で，数学として出された問題が実は既存の「数学」の問題に比べ相対的に国語的な能力が必要だと認識されてしまっているということを意味する。

　国語の第3問（イメージ例）への印象は若干の奇抜さはあるものの既存の問題とほぼ同様である。ただ，資質・能力との関係でみると，既存の国語とは少し異なった問題として映ったようである。印象が，論理的思考力ではなく統計的思考力と近接していることを考えると，この問題もやはり従来の「国語」を解くのに必要な資質・能力とは異なった資質・能力が必要な問題であると認知されていた。そもそも論理的思考力とは離れた場所に布置されているのが興味深い。論理的思考力はむしろ数学の問題と近かった。国語第3問（イメージ例）の内容が統計的資料を読み解かせる問題であったため統計的思考力と近いと認識されたのだろう。従来の「国語」の問題の方がより国語で測ろうとする資質・能力が試されていると高校生に認識されたことは興味深い点である。

　一方，国語第1問（語彙問題）は項目反応理論（IRT）のモデルに典型的に適合する，問題文の存在しない単純な構造の5肢選択の設問であった。それでも，必ずしも高校生からネガティブな印象を持たれたわけではない。むしろ，言語文化，歴史継承，言葉の特徴，言葉の働き，言葉の使い方といった資質・能力を測るのに適した設問と評価されていた。高校生の視点に立てば，どのような形式の問題であっても，単なる知識や記憶力を超えた何かの資質・能力を測定する問題として機能する可能性があると判断されたことになる。この結果は，テストを出題する側にとって，試験問題の形式の多様性を確保するうえで参考になる。

　しかし，本研究に課題が無いわけではない。数学はいずれの問題もイメージ例に合わせ三角関数を使用したものを用意したが，国語の問題への印象は素材の分野に左右された可能性が否めない。第1問を除けば，第2問（セ験）は論説文，第3問（イメージ例）は統計を使った説明文の解釈，第4問

（個試）は小説文であった。傾向として，論説文は国語の問題としてはオーソドックスであるが，難しいと捉えられがちであり，統計を使った説明文についてもどちらかと言えば論説文に近いものである。一方第4問の小説文は読み物としておもしろいという印象を持ちやすい。さらに，国語教科の中に含まれる古典に関する設問がなかったことも結果に影響があったと考えられる。

　また，試験のできが印象に左右していることも考えられるため，成績との関連や解くのにかかった時間との関係にも目を配る必要がある。受ける側（高校生）の視点のみならず指導する側（教員）の視点からの検証が行なわれる必要があるが，今後の課題としたい。

注
1）本調査は東北大学大学院教育情報学研究倫理審査委員会の承認を受けて実施したものである（承認番号：教情研倫第16－005）。
2）他の調査は大学入学者選抜改革推進委託事業「問題の出題形式と測定する資質・能力の関係に関するテスト理論・測定学に基づく分析」（代表：北海道大学）の一環として行なわれた。

文　献

Alderson, J. C. & Wall, D. (1993). Does Washback Exist? *Applied Linguistics, 14,* 115-129.
中央教育審議会答申（2014）．新しい時代にふさわしい高大接続の実現に向けた高等学校教育，大学教育，大学入学者選抜の一体的改革について　文部科学省　Retrieved from　http://www.mext.go.jp/b_menu/shingi/chukyo/chukyo0/toushin/__icsFiles/afieldfile/2015/01/14/1354191.pdf（2017年4月20日）
Kane, M. T. (2006). Validation. In R. L. Brennan (Ed.), *Educational Measurement 4th edition* (pp.17-64). Praeger Publishers.
高大接続システム改革会議（2016）．最終報告　文部科学省　Retrieved from http://www.mext.go.jp/component/b_menu/shingi/toushin/__icsFiles/afieldfile/2016/06/02/1369232_01_2.pdf（2017年4月20日）
文部科学省（2016）．高大接続改革の進捗状況について1　文部科学省　Retrieved from http://www.mext.go.jp/b_menu/houdou/28/08/1376777.htm（2017年4月12日）
大山　正・岩脇　三良・宮埜　壽夫（2005）．心理学研究法——データ収集・分析から論文作成まで——　サイエンス社
平　直樹・前川　眞一・小野　博・林部　英雄・内田　照久（1998）．日本語基礎能力テストの項目プールの作成　独立行政法人大学入試センター研究紀要, *28,* 1-12.

謝　辞

　本研究を行うにあたり庄司 強氏，伊藤 博美氏に研究協力して頂いた。心より御礼申し上げる。尚，本研究は JSPS 科研費 JP16H02051の助成を受けた。

第7章

国立大学における個別学力試験の解答形式の分類[1]

東北大学高度教養教育・学生支援機構　准教授　**宮本　友弘**

東北大学高度教養教育・学生支援機構　教授　**倉元　直樹**

◆◇◆第 1 節　問題と目的

1．はじめに

　国立大学の一般入試における個別学力試験の作題能力が問われている。その端緒となったのが，平成28年（2016年）3 月31日に発表された高大接続システム改革会議の最終報告の中でなされた以下の指摘である。「現状において，大学によっては，一般入試の試験科目が 1 〜 2 科目のみとなっている場合もあること，知識に偏重した選択式問題が中心で記述式問題を実施していない場合もあること，記述式を実施している場合であっても，複数の情報を統合し構造化して新しい考えをまとめる能力やその過程や結果を表現する能力などについては，必ずしも十分に評価されていないことが多いことなどを踏まえ……各大学の個別選抜の出題の実態に関するより詳細な課題の分析を行いつつ，改善を図る必要がある（高大接続システム改革会議，2016，p.47）」。ここでは，想定されている「各大学」が国立大学か公立大学か，あるいは私立大学かという特定はなされていない。どちらかと言えば「思考力・判断力・表現力」を適切に評価するために記述式問題の作題・出題の改善が必要だ，という観点が強調されている。

　その結果，大学入試センター試験（以下，「センター試験」と表記する）に代わるとされている大学入学者希望者学力評価テスト（仮称）（以下，「新

1　本章は，『日本テスト学会誌』第13巻に同一のタイトルで執筆された論文を再録したものである（宮本・倉元，2017，文献リストは第 2 部 Introduction「大学入学共通テストが目指すかたち」の末尾に記載）。原文には和文要旨及び英文要旨が掲載されていたが，本章では省略した。著者の執筆当時の所属・肩書は現在と同じ。

共通テスト」と表記する）への記述式問題の導入が本格的に検討されること
となった。平成28年（2016年）8月31日に「高大接続改革の進捗状況につい
て」と題して文部科学省が報道発表した文書の「別添資料2『大学入学希望
者学力評価テスト（仮称)』の検討状況について」では，以下のように新共
通テストへの記述式問題導入の意義が述べられている。「国立大学の二次試
験においても，国語，小論文，総合問題のいずれも課さない募集人員は，全
体の約6割にのぼる。共通テストに記述式問題を導入し，より多くの受験者
に課すことにより，入学者選抜において，考えを形成し表現する能力などを
より的確に評価することができる。このことで，高等学校における能動的な
学習を促進する（文部科学省，2016)」。すなわち，この時点で，新共通テス
トへの記述式問題導入を中心とした入試改革の焦点が，国立大学の個別学力
試験の補完と考えられていることが明確となった。そして，この議論の暗黙
の前提には「国語，小論文，総合問題を課すこと」が即座に「記述式問題を
課すこと」と等しいとの認識がある。その上で「国立大学には記述式問題を
課す能力がない」ので「新共通テストで記述式問題を課すべきだ」という主
旨の論理が展開されている。また同時に，大学入試の改善によって高校教育
を改善しようとする，いわゆる「波及効果（washback effect)」への期待も強
調されている。

　以上のような考え方に基づいて新共通テストへ記述式問題を導入した場合
に，果たして期待通りの成果が得られるのだろうか。様々な側面から検証さ
れるべき課題が残されている。

　まず，大学入試の共通テストで記述式問題を課すことが技術的に可能なの
か，という点が挙げられる。40年以上前，共通第1次学力試験（以下，「共
通1次」と表記する）の導入が検討された際には「膨大な数の答案の採点，
集計のために，電子計算機を利用しなければならないので，試験は客観テス
ト」であることが前提とされた（国立大学協会入試調査特別委員会，1972
/1973，p.201)。対象がほぼ国公立大学の志願者に限られていたこともあり，
共通1次の志願者数は30万人台で推移していた。それに対して，現在ではセ
ンター試験の受験者数は50万人を超えている。新共通テストがセンター試験
の受験者層をそっくり引き継ぐとするならば，受験者数の増加分だけ技術的
な課題は，当時よりも一層深刻化したと言える。共通1次を廃止し，セン

ター試験に転換する契機となった臨時教育審議会（1985）における議論において「マークシート方式に対する本格的議論が避けられたようにも感じられる（倉元，2016）」のは受験者が数十万人に達する大規模な試験における記述式問題の採点処理に関するロジスティクスの実現が事実上不可能であったという事情も大きかったと思われる。

「思考力・判断力・表現力」といった能力の評価に関わる問題を単純に試験問題の解答形式の議論に集約してよいのか，という点も問題である。共通1次導入の際には，「採点に電子計算機が使用でき，しかも従来批判されているような客観テスト（○×式）の欠点が除かれた"良い問題"（国立大学協会入試調査特別委員会，1972 /1973 p.204）」の研究が行われた。解答形式に多肢選択式の制約を受けるセンター試験に対しても，かつての中央教育審議会の答申では「我が国全体として，入試の改善を推進するうえで，大きな貢献をしてきた（中央教育審議会，2008，p.31）」と絶賛されてきた経緯もある。

新共通テストへの記述式問題の導入がどの程度高校教育に対する波及効果をもたらすのか，といった点も検証が必要である。例えば，倉元（2013）は，改革の意図に対して成果が疑問視される例を三つ挙げている。

一つは AO 入試の変容である。1997年の中教審答申（中央教育審議会，1997）等による提言を受けて米国の大学入学者選抜制度に範を取って本格導入されたはずの AO 入試であったが，平成12年（2000年）の大学審答申の時点ですでに「米国的なアドミッション・オフィスの存在が抜け落ちている（大学審議会，2000）」との指摘がなされた。AO 入試は推薦入試とともに「事実上の学力不問となるなど，本来の趣旨と異なった運用がされているのではないか（中央教育審議会，2008）」と指弾される事態に陥った。倉元（2011）は「AO 入試は従来から存在していた推薦入試の文脈に連なる日本的な入試の多様化政策の一環として理解され，受容されていった」としている。

次に，国公立大学の「5教科7科目」方針が挙げられている。平成12年（2000年）に国立大学協会は「センター試験のア・ラ・カルト的科目利用はむしろ教育目標の達成を阻害する懸念」があるとして，「国立大学志願者（一般選抜）については，原則としてセンター試験の5教科7科目の受験を

課す」とする方針を打ち出した（国立大学協会，2000）。ところが，内田・鈴木（2011）は，国立大学協会の改革のターゲットであったはずの新卒の国公立大学受験者層である「中核受験者層」は，平成2年〜平成21年（1990年〜2009年）までの20年間，人数の上でも約20万人と安定しており，そのうちの約88％がセンター試験を5教科以上受験してきたことを示した。「5教科7科目方針」のアナウンス効果は無視できないものであり，その後，内田・鈴木 (2011) の「中核受験者層」における5教科以上の受験率は94％程度まで上がったので，「4教科以下の受験者が半減」という見方もできるかもしれないが，センター試験受験者数の増加を支えた「新参入層は"少数教科型"の私立大学を志向（内田・橋本・鈴木，2014，p.51）」していることに変わりはない。いずれにせよ，問題があるとされた現象と改革のターゲットにずれがあったと考えざるを得ない。

　さらに，2006年度からセンター試験に導入されている英語リスニングが挙げられる。センター試験のリスニングは，日本人の英語によるコミュニケーション能力向上を企図したアクションプラン（文部科学省，2003）の一部として導入されたという経緯がある（内田・大津，2013）。もちろん，高校教育への波及効果を期待してのことだったが，平井・藤田・伊藤・松崎・大木（2012）や山村・大津・宮埜（2012）の検証結果からは期待されたほどの大きなインパクトは見出せなかったとしている。

　以上のような課題の検証は，本来は改革に一歩踏み出す以前に行われるべきことであり，いずれも一朝一夕に解決することのできない難題である。しかしながら，それ以前に解消すべき根本的な疑問点がある。それは，改革の根拠となる事実認識それ自体に関わるものである。すなわち，国立大学の個別学力試験において記述式問題は「国語」，「小論文」，「総合問題」以外では課されていないのか，逆に「国語」，「小論文」，「総合問題」はすべて記述式問題で構成されているのか，といった点である。そして，それは，国立大学は「記述式問題を課す能力がない」という認識が事実か否か，という問題に直結する重大な事実なのである。解答形式にかかわる入試改革の制度設計の根本的問題点が国立大学にも存在するならば，それを特定して改善することが個別大学の責務と考えられている状況である。

2．解答形式に関する先行研究

国立大学の個別学力試験の出題において，客観式，記述式といった解答形式の実態はどのようになっているのだろうか。

大学入試問題の解答形式に関する研究としては，古くは，大学入試センターが，「国語」（鈴木・山田・池田・赤木，1991），「英語」（石塚・前川，1991），「数学」（豊田・山村・藤芳，1991），「社会」（石塚・平・清水，1992），「理科」（山田・鈴木・豊田・清水，1992）のそれぞれにおいて，多肢選択式あるいはマークシートの問題を記述式の問題に変換し，両者の識別力や困難度，測定される能力の比較を行っている。

その後も，特に数学分野において同様の研究パラダイムでの解答形式の比較研究が，精力的になされている（村上・三宅・藤村，2007，2008；安野・浪川・森田・三宅・西辻・倉元・林・木村・宮埜・椎名・荒井・村上，2013）。

しかしながら，そもそも大学入試問題の解答形式の実態がどのようなものであるかを調べた研究はほとんどない。深沢（1999）が「全国大学入試問題正解・英語＜国公立大編＞」（旺文社）を資料にして，公表されている65の国立大学の，前期日程の平成8年度（1996年度）と平成9年度（1997年度）の英語の問題形式の分布を比較するにとどまっている。文部科学省（2016）の資料を除き，先述した高大接続システム改革会議（2016）で指摘された大学入試における記述式問題の状況を示すデータは，少なくとも学術研究においては確認されていない。

3．本研究の目的

以上を踏まえ，本研究の目的は，国立大学の個別学力試験の解答形式の実態を把握することであり，具体的には，国立大学の一般入試個別学力試験問題を収集して解答形式を分析することによって，現在，国立大学の一般入試が抱えている問題を析出することにある。その第一段階として，本研究では，①国立大学の一般入試における記述式問題の出題状況はどうなっているのか，②科目によって解答形式にどのような特徴がみられるか，について検討するための基礎資料の提供を試みる。

第2節 方法

1．分析対象

　大学院大学4校を除く国立大学82校の平成27年度（2015年度）一般入試個別学力試験問題（前期日程，後期日程）を分析対象とした。このうち，「2016年版　大学入試シリーズ」（教学社），いわゆる「赤本」が刊行されている75大学については，そこに収載された問題を使用した。ただし，収載を省略された問題については当該大学のWebページからダウンロードするか，直接依頼して送ってもらった。また，「赤本」が発刊されていない7大学の問題についても同様の手続きで可能な限り収集した。ただし，ごく少数ではあるが，収集しきれなかった試験問題も存在する。

　分析単位は解答の最小単位（枝問）とした。最終的には24,066問の枝問が分析対象となった。各科目の出題大学数と問題数の内訳を表7−1に示す。

表7−1　科目別の出題大学数と問題数

	前期日程		後期日程		合計	
	大学数	問題数	大学数	問題数	大学数	問題数
国語	52	1,891	3	97	52	1,988
世界史	17	463			17	463
日本史	17	439			17	439
地理	14	411			14	411
現代社会	2	36			2	36
倫理	3	18			3	18
政治・経済	3	44			3	44
倫理，政治・経済	1	7			1	7
数学（文系）	48	571	5	48	48	619
数学（理系）	69	1,562	36	612	71	2,174
物理	66	2,196	28	791	68	2,987
化学	66	3,314	27	1,192	68	4,506
生物	62	3,087	13	645	63	3,732
地学	26	1,004	5	131	27	1,135
英語	71	2,428	20	395	71	2,823
英語（リスニング）	10	124	1	5	10	129
総合問題	7	318	13	757	17	1,075
小論文	40	361	50	877	60	1,238
その他	6	215	3	27	8	242
合計	80	18,489	65	5,577	81	24,066

なお，前期日程の実施大学82大学中1大学が，また，後期日程の実施大学75大学中10大学が個別学力試験を課していなかった。

2．分析方法

『テスト・スタンダード』（日本テスト学会，2007）及び高大接続システム会議「最終報告」(高大接続システム改革会議，2016) 等に基づき，表7-2に示す分類カテゴリーを作成した。「客観式」「記述式」「その他」の3つのカテゴリーを設定し，さらに「客観式」では7，「記述式」では11，「その他」では2つの下位カテゴリーを用意した。全24,066問は，「客観式」ある

表7-2　解答形式の分類カテゴリー

客観式	
A1	○×式
A2	多肢選択式
A3	複数選択式
A4	組み合わせ式
A5	並べ替え式
A6	その他
A7	分類不能
記述式	
B1	穴埋め式（リード文などの該当箇所に穴があり，それを埋める問題）
B2	短答式（語句，数値，記号，単語など，文を構成しない短い解答を記述する問題）
B3	記述式（短文）（概ね40字以下で解答する記述式問題）
B4	記述式（長文）（概ね40字超で解答する記述式問題）
B5	記述式（英文和訳）（該当箇所の英文を日本語の文章に置き換える問題で，要約などは含まない）
B6	記述式（和文英訳）（該当箇所の和文を英語の文章に置き換える問題で，要約などは含まない）
B7	記述式（英文日本語要約）（英語で提示された文章を日本語で要約する問題）
B8	記述式（英作文）（和文英訳ではなく，英語で一から文章を組み立てて解答する問題，英文による要約を含む）
B9	記述式（小論文）（概ね100文字程度以上で自分の意見の記述を求められる問題）
B10	記述式（数式）（数式の展開など，数式で解答する記述式問題）
B11	記述式（図・絵等）（図，絵などによる解答を求められる問題）
その他	
C1	コンピュータ式（ドラッグ・アンド・ドロップ，数量選択式あるいはスライダックス式，座標選択式などコンピュータを利用したテストの解答形式）[1]
C2	その他

いは「記述式」の下位カテゴリーにくまなく分類され，「その他」に該当するものはなかった。なお，一部の問題は「客観式」の解答を要求した上で，それに対して「記述式」で説明を求める形式のものが存在した。その場合，設問自体は分割することが難しいので一つの枝問として数え，「記述式」として該当するカテゴリーに分類することとした。

◆◇◆
第３節　結果

１．各大学の記述式問題の出題状況

1.1 記述式問題全体の出題状況

　最初に，科目を込みにして，大学ごとに記述式問題の出題数を集計した結果を示す。

　図７‐１～７‐３は，前期日程，後期日程及び両者の合計における記述式問題の出題数の分布を示したものである。また，表７‐３～７‐５には，それらの記述統計量を示した。

　前期日程（図７‐１，表７‐３）では，出題数は０～507問の比較的広範囲で分布していた。82大学のうち半数が205問以上，上位４分の１が273問以上の枝問を出題していた。記述式問題を出題しなかった大学は，２大学であった。

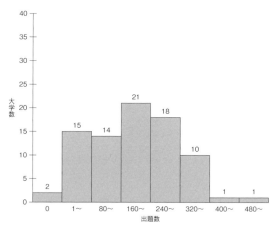

図７‐１　記述式問題の出題数の分布（前期日程）

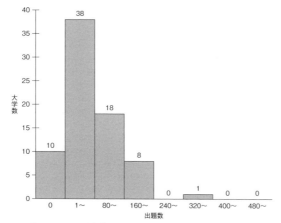

図7-2　記述式問題の出題数の分布（後期日程）

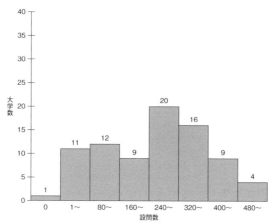

図7-3　記述式問題の出題数の分布（合計）

　一方，後期日程（図7-2，表7-4）では，出題数の範囲は0〜320問であったが，半数の大学が58問以下の出題であった。出題数 0 問，すなわち，個別学力試験を課さない大学は10大学であった。

　両者の合計をみると（図7-3，表7-5），出題数の範囲は0〜708問にわたり，半数の大学が265問以上，上位 4 分の 1 の大学が373問以上出題していた。前後期日程を通して記述式問題を全く出題していない大学は 1 大学のみであった。

表 7 - 3　記述式問題の出題数の記述統計量（前期日程）

	前期日程
N	82
M	194.5
SD	114.5
Min.	0
Max.	507
25%ile	109.8
50%ile	204.0
75%ile	272.8

表 7 - 4　記述式問題の出題数の記述統計量（後期日程）

	後期日程
N	75
M	68.3
SD	65.5
Min.	0
Max.	320
25%ile	13.0
50%ile	58.0
75%ile	103.0

表 7 - 5　記述式問題の出題数の記述統計量（合計）

	合計
N	82
M	256.9
SD	151.1
Min.	0
Max.	708
25%ile	118.0
50%ile	264.5
75%ile	372.5

1.2 穴埋め式と短答式を除いた記述式問題の出題状況

さらに，記述式問題に期待されている能力評価の観点に沿って厳密に検討するために，文字数が比較的少なく，高大接続システム改革会議（2016）においても「思考力・判断力・表現力」の評価可能性が低いと位置づけられている「穴埋め式（B1）」と「短答式（B2）」を除いて集計した。上記の記述式問題全体の集計と同様に，前期日程，後期日程及び両者の合計における出題数の分布を図7-4〜7-6に，記述統計量を表7-6〜7-8に示した。

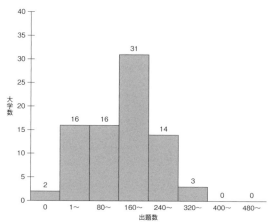

図7-4　記述式問題（B1・B2を除く）の出題数の分布（前期日程）

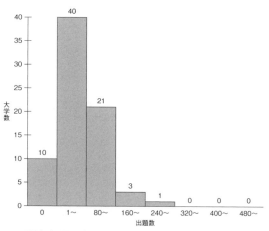

図7-5　記述式問題（B1・B2を除く）の出題数の分布（後期日程）

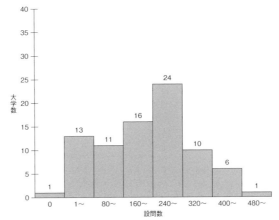

図7-6　記述式問題（B1・B2を除く）の出題数の分布（合計）

　記述統計量から判断して，前期日程，後期日程及び両者の合計のいずれにおいても，「穴埋め式（B1）」と「短答式（B2）」を除いた出題数は，記述式問題全体の概ね6割程度に達した。半数以上の大学が前期日程では111問以上，後期日程で35問以上，両者の合計で150問以上を出題し，上位4分の1の大学が前期日程で146問以上，後期日程で59問以上，両者の合計で189問以上出題していた。分布の形状は記述式全体の場合とほぼ同じであった。また，「穴埋め式（B1）」と「短答式（B2）」を除いた記述式問題を出題していない大学数も記述式全体と同じであった。すなわち，記述式問題として

表7-6　記述式問題（B1・B2を除く）の出題数の記述統計量（前期日程）

	前期日程
N	82
M	103.6
SD	56.8
Min.	0
Max.	225
25%ile	64.8
50%ile	110.0
75%ile	145.0

表7-7　記述式問題（B1・B2を除く）の出題数の記述統計量（後期日程）

	後期日程
N	75
M	39.2
SD	34.1
$Min.$	0
$Max.$	190
$25\%ile$	12.0
$50\%ile$	34.0
$75\%ile$	58.0

表7-8　記述式問題（B1・B2を除く）の出題数の記述統計量（合計）

	合計
N	82
M	139.4
SD	78.2
$Min.$	0
$Max.$	401
$25\%ile$	85.3
$50\%ile$	149.5
$75\%ile$	188.5

「穴埋め式（B1）」や「短答式（B2）」だけを出題している大学は皆無であった。

2．科目による解答形式の特徴

2.1　客観式問題と記述式問題の構成比

　科目別の解答形式の特徴をみるために，大学を込みにして科目ごとに各解答形式の出題数を集計した。記述式については総計とともに，「穴埋め式

(B1）」と「短答式（B2）」だけの合計及びそれ以外の合計も求めた（表7-9）。

　まず，各科目の客観式問題と記述式問題（総計）の割合をみると，「英語」，「英語（リスニング）」（後期日程を除く），「その他」以外の科目はすべて，前期日程，後期日程及び両者の合計のいずれにおいても，80％以上が記述式問題であった。「英語」と「英語（リスニング）」（後期日程を除く）では客観式と記述式がほぼ同程度であった。なお，「その他」については前期日程と合計において80％以上ではなかったものの，それに近い値であった。全体の傾向と同じとみなしても差支えないと判断される。

　次に，記述式問題のうち，「穴埋め式（B1）」と「短答式（B2）」以外の合計の割合をみると，科目によって20％～100％の幅がみられ，出題数の少ない後期日程の「英語（リスニング）」「その他」を除き，科目ごとの割合は，前期日程，後期日程及び両者の合計でほぼ同様であった。大きく5つの段階に分かれ，①約8割以上：「倫理」「倫理，政治・経済」「数学（文系）」「数学（理系）」「小論文」，②約5割程度：「国語」「現代社会」「政治・経済」

表7-9　各科目の客観式問題と記述式問題の割合（%）

| | 前期日程 | | | | | 後期日程 | | | | | 合計 | | | | |
| | 出題数 | 客観式(%) | 記述式(%) | | | 出題数 | 客観式(%) | 記述式(%) | | | 出題数 | 客観式(%) | 記述式(%) | | |
			B1,B2のみ	B1,B2以外	総計			B1,B2のみ	B1,B2以外	総計			B1,B2のみ	B1,B2以外	総計
国語	1,891	12.0	36.8	51.2	88.0	97	4.1	42.3	53.6	95.9	1,988	11.6	37.1	51.4	88.4
世界史	463	5.2	69.1	25.7	94.8						463	5.2	69.1	25.7	94.8
日本史	439	5.0	64.2	30.8	95.0						439	5.0	64.2	30.8	95.0
地理	411	18.2	48.2	33.6	81.8						411	18.2	48.2	33.6	81.8
現代社会	36	5.6	36.1	58.3	94.4						36	5.6	36.1	58.3	94.4
倫理	18	11.1	11.1	77.8	88.9						18	11.1	11.1	77.8	88.9
政治・経済	44	13.6	34.1	52.3	86.4						44	13.6	34.1	52.3	86.4
倫理，政治・経済	7			100.0	100.0						7			100.0	100.0
数学（文系）	571			100.0	100.0	48			100.0	100.0	619			100.0	100.0
数学（理系）	1,562			100.0	100.0	612	0.2	4.6	95.3	99.8	2,174	0.0*	1.3	98.7	100.0
物理	2,196	6.1	51.9	42.0	93.9	791	5.2	57.3	37.5	94.8	2,987	5.8	53.3	40.8	94.2
化学	3,314	9.6	50.7	39.7	90.4	1,192	6.2	51.0	42.8	93.8	4,506	8.7	50.8	40.5	91.3
生物	3,087	11.8	63.1	25.1	88.2	645	10.4	69.1	20.5	89.6	3,732	11.6	64.1	24.3	88.4
地学	1,004	9.8	64.8	25.4	90.2	131	8.4	58.0	33.6	91.6	1,135	9.6	64.1	26.3	90.4
英語	2,428	47.2	8.7	44.1	52.8	395	50.1	8.9	41.0	49.9	2,823	47.6	8.7	43.6	52.4
英語(リスニング)	124	50.0	17.7	32.3	50.0	5			100.0	100.0	129	48.1	17.1	34.9	51.9
総合問題	318	2.2	41.2	56.6	97.8	757	6.5	49.4	44.1	93.5	1,075	5.2	47.0	47.8	94.8
小論文	361	2.8	7.5	89.8	97.2	877	1.3	13.8	84.9	98.7	1,238	1.7	12.0	86.3	98.3
その他	215	22.3	52.6	25.1	77.7	27	3.7	3.7	92.6	96.3	242	20.2	47.1	32.6	79.8
合計	18,489	13.8	40.3	45.9	86.2	5,577	8.2	39.1	52.7	91.8	24,066	12.5	40.0	47.5	87.5

＊ 小数第2位を四捨五入したことによる。なお，数学（理系）では後期の1問のみが客観式であった。

「総合問題」、③約4割程度：「物理」「化学」「英語」、④約3割程度：「世界史」「日本史」「地理」「地学」「英語（リスニング）」「その他」、⑤約2割程度：「生物」、であった。

2.2 客観式問題の下位カテゴリーの構成比の特徴

科目ごとに客観式問題の各下位カテゴリーの集計を行った。表7-10～7-12は、前期日程、後期日程及び合計における客観式問題の各下位カテゴリーの割合を示したものである。いずれにおいても、全体的な傾向としては、「多肢選択式（A2）」の割合が最も多く、相当数の科目で7割以上を占めた。また、同一科目の場合、前期日程と後期日程で傾向が著しく異なることはなかった。「現代社会」「倫理」「政治・経済」「数学（理系）」は出題数が10未満で他の科目よりも著しく少なかった。

「世界史」「日本史」「地理」は全体的な傾向とはやや異なる様相を示した。いずれも「多肢選択式（A2）」が5割前後にとどまり、「世界史」は「複数選択式（A3）」と「並べ替え式（A5）」、「日本史」は「複数選択式（A3）」、

表7-10　客観式問題の下位カテゴリーの割合（%）（前期日程）

	出題数	A1 ○×式	A2 多肢選択式	A3 複数選択式	A4 組み合わせ式	A5 並べ替え式	A6 その他
国語	226	6.2	88.1	4.4		0.9	0.4
世界史	24		37.5	25.0	12.5	25.0	
日本史	22		50.0	27.3	9.1	13.6	
地理	75	1.3	53.3	8.0	34.7	2.7	
現代社会	2		100.0				
倫理	2		100.0				
政治・経済	6		66.7	33.3			
物理	133	2.3	93.2	2.3		2.3	
化学	318	0.9	63.5	20.8	11.3	3.5	
生物	365	6.0	54.5	25.2	11.2	3.0	
地学	98		79.6	10.2	6.1	4.1	
英語	1,146	7.9	82.0	1.6		6.2	2.4
英語（リスニング）	62		87.1			6.5	6.5
総合問題	7		42.9	14.3	28.6	14.3	
小論文	10		60.0	20.0	10.0	10.0	
その他	48	45.8	52.1	2.1			
合計	2,544	6.1	74.6	8.8	4.6	4.7	1.3

「地理」は「組み合わせ式（A4）」が3割程度みられた。同様に，「化学」と「生物」も「多肢選択式（A2）」が6割前後であり，「複数選択式（A3）」が2割程度みられた。また，「総合問題」と「小論文」も「多肢選

表7-11　客観式問題の下位カテゴリーの割合（％）（後期日程）

	出題数	A1 ○×式	A2 多肢選択式	A3 複数選択式	A4 組み合わせ式	A5 並べ替え式	A6 その他
国語	4		100.0				
数学（理系）	1		100.0				
物理	41		97.6	2.4			
化学	74	1.4	70.3	21.6	5.4	1.4	
生物	67	3.0	53.7	26.9	14.9	1.5	
地学	11	9.1	54.5	36.4			
英語	198	5.1	85.9			7.1	2.0
総合問題	49	2.0	71.4	6.1	18.4	2.0	
小論文	11		81.8			18.2	
その他	1		100.0				
合計	457	3.3	77.5	9.2	5.0	4.2	0.9

表7-12　客観式問題の下位カテゴリーの割合（％）（合計）

	出題数	A1 ○×式	A2 多肢選択式	A3 複数選択式	A4 組み合わせ式	A5 並べ替え式	A6 その他
国語	230	6.1	88.3	4.3		0.9	0.4
世界史	24		37.5	25.0	12.5	25.0	
日本史	22		50.0	27.3	9.1	13.6	
地理	75	1.3	53.3	8.0	34.7	2.7	
現代社会	2		100.0				
倫理	2		100.0				
政治・経済	6		66.7	33.3			
数学（理系）	1		100.0				
物理	174	1.7	94.3	2.3		1.7	
化学	392	1.0	64.8	20.9	10.2	3.1	
生物	432	5.6	54.4	25.5	11.8	2.8	
地学	109	0.9	77.1	12.8	5.5	3.7	
英語	1,344	7.4	82.6	1.3		6.3	2.3
英語（リスニング）	62		87.1			6.5	6.5
総合問題	56	1.8	67.9	7.1	19.6	3.6	
小論文	21		71.4	9.5	4.8	14.3	
その他	49	44.9	53.1	2.0			
合計	3,001	5.7	75.0	8.8	4.7	4.6	1.2

択式（A2）」は全体的傾向よりやや低く，「総合問題」では「組み合わせ式（A4）」，「小論文」では「並べ替え式（A5）」が2割前後みられた。

2.3　記述式問題の下位カテゴリーの構成比の特徴

　客観式問題と同じように，科目ごとに記述式問題の各下位カテゴリーの集計を行った。記述式問題の各下位カテゴリーの割合（表7-13～7-15）をみると，科目によって構成比にいくつかのパターンがみられた。それらのパターンは前期日程，後期日程でほぼ同じであった。大きく特定の一つの形式に集中するパターンと複数の形式に分散するパターンに分かれた。前者は，①「数学（文系）」「数学（理系）」：「記述式（数式）（B10）」に集中，②「現代社会」「倫理」「政治・経済」「倫理，政治・経済」：「記述式（長文）（B4）」に集中，③「小論文」：記述式「（小論文）（B9）」に集中，の3つのパターンがみられた。

表7-13　記述式問題の下位カテゴリーの割合（%）（前期日程）

	出題数	B1 穴埋め式	B2 短答式	B3 記述式（短文）	B4 記述式（長文）	B5 記述式（英文和訳）	B6 記述式（和文英訳）	B7 記述式（英文日本語要約）	B8 記述式（英作文）	B9 記述式（小論文）	B10 記述式（数式）	B11 記述式（図・絵等）
国語	1,665	0.1	41.7	24.9	32.6					0.6		0.1
世界史	439	31.4	41.5	3.4	22.6					0.9		0.2
日本史	417	30.0	37.6	7.0	24.7					0.7		
地理	336	33.3	25.6	4.5	35.7						0.3	0.6
現代社会	34	14.7	23.5		58.8							2.9
倫理	16	12.5			87.5							
政治・経済	38	34.2	5.3		60.5							
倫理，政治・経済	7			14.3	85.7							
数学（文系）	571			0.2							97.2	2.6
数学（理系）	1,562										97.8	2.2
物理	2,063	25.9	29.3	0.8	2.5						37.5	3.9
化学	2,996	35.4	20.7	4.7	5.6						32.3	1.3
生物	2,722	50.5	21.1	7.3	17.6						1.5	2.0
地学	906	50.0	21.9	5.3	14.7					0.1	6.0	2.1
英語	1,282	7.9	8.7	10.6	19.8	21.3	10.5	5.5	15.4	0.3		
英語（リスニング）	62		35.5	35.5	11.3	3.2	3.2	4.8	6.5			
総合問題	311	18.3	23.8	7.7	31.8	2.6		0.3		1.9	10.9	2.6
小論文	351	2.8	4.8	2.0	8.5	0.6				78.3		2.8
その他	167	14.4	53.3	3.6	14.4					3.0	7.2	4.2
合計	15,945	25.2	21.6	6.7	13.6	1.8	0.9	0.5	1.3	1.9	24.9	1.7

表7-14 記述式問題の下位カテゴリーの割合（％）（後期日程）

	出題数	B1 穴埋め式	B2 短答式	B3 記述式（短文）	B4 記述式（長文）	B5 記述式（英文和訳）	B6 記述式（和文英訳）	B7 記述式（英文日本語要約）	B8 記述式（英作文）	B9 記述式（小論文）	B10 記述式（数式）	B11 記述式（図・絵等）
国語	93		44.1	28.0	28.0							
数学（文系）	48										93.8	6.3
数学（理系）	611		4.6	0.2							93.8	1.5
物理	750	33.1	27.3	0.5	2.5						32.4	4.1
化学	1,118	36.9	17.4	5.0	4.5						35.2	1.0
生物	578	54.3	22.8	5.0	14.9						0.9	2.1
地学	120	40.0	23.3	5.8	23.3						5.0	2.5
英語	197	14.7	3.0	13.7	21.8	22.3	6.6	8.1	7.6	2.0		
英語（リスニング）	5			20.0	80.0							
総合問題	708	27.8	25.0	4.4	20.9	3.0	0.4			0.8	13.1	4.5
小論文	866	5.8	8.2	3.0	12.6	2.0	0.2	0.6		62.1	5.0	0.6
その他	26		3.8	3.8	69.2						3.8	19.2
合計	5,120	25.4	17.3	4.1	10.4	1.6	0.4	0.4	0.3	10.7	27.5	2.1

表7-15 記述式問題の下位カテゴリーの割合（％）（合計）

	出題数	B1 穴埋め式	B2 短答式	B3 記述式（短文）	B4 記述式（長文）	B5 記述式（英文和訳）	B6 記述式（和文英訳）	B7 記述式（英文日本語要約）	B8 記述式（英作文）	B9 記述式（小論文）	B10 記述式（数式）	B11 記述式（図・絵等）
国語	1,758	0.1	41.9	25.1	32.3					0.6		0.1
世界史	439	31.4	41.5	3.4	22.6					0.9		0.2
日本史	417	30.0	37.6	7.0	24.7					0.7		
地理	336	33.3	25.6	4.5	35.7						0.3	0.6
現代社会	34	14.7	23.5		58.8							2.9
倫理	16	12.5			87.5							
政治・経済	38	34.2	5.3		60.5							
倫理，政治・経済	7			14.3	85.7							
数学（文系）	619			0.2							96.9	2.9
数学（理系）	2,173		1.3	0.0							96.6	2.0
物理	2,813	27.8	28.8	0.7	2.5						36.2	4.0
化学	4,114	35.8	19.8	4.8	5.3						33.1	1.2
生物	3,300	51.2	21.4	6.9	17.1						1.4	2.0
地学	1,026	48.8	22.0	5.4	15.7					0.1	5.8	2.1
英語	1,479	8.8	7.9	11.0	20.1	21.4	9.9	5.9	14.4	0.5		
英語（リスニング）	67		32.8	34.3	16.4	3.0	3.0	4.5	6.0			
総合問題	1,019	24.9	24.6	5.4	24.2	2.8	0.3	0.1		1.2	12.5	3.9
小論文	1,217	4.9	7.2	2.7	11.4	1.6	0.2	0.4		66.8	3.5	1.2
その他	193	12.4	46.6	3.6	21.8					3.1	8.8	3.6
合計	21,065	25.2	20.5	6.1	12.8	1.7	0.7	0.5	1.0	4.1	25.5	1.8

　後者は，①「世界史」「日本史」「地理」「総合問題」，「その他」：「穴埋め式（B1）」，「短答式（B2）」，「記述式（長文）（B4）」の3つに分散，②「生物」「地学」：「穴埋め式（B1）」「短答式（B2）」の2つに分散，③「物理」「化学」：「穴埋め式（B1）」「短答式（B2）」「記述式（数式）（B10）」の3つに分散，④「国語」「英語（リスニング）」：「短答式（B2）」，「記述式（短文）（B3）」「記述式（長文）（B4）」の3つに分散，⑤「英語」：「穴埋め式（B1）」～「記述式（英作文）（B8）」までの8つに分散，という5つのパターンがみられた。

第4節　考察

　本研究の目的は，国立大学の一般入試個別学力試験問題を収集して解答形式を分析し，①国立大学の一般入試における記述式問題の出題状況と，②科目ごとの解答形式にどのような特徴がみられるかを検討することであった。

　まず，国立大学の記述式問題の出題数をみると，82大学のうち，半数の大学が265問以上，「穴埋め式」や「短答式」を除いても150問以上出題していた。記述式問題を全く出題していない大学はわずか1大学に過ぎなかった。また，すべての科目において，出題数のうち記述式問題の割合が客観式問題の割合よりも多く，「英語」と「英語（リスニング）」以外は，概ね8割以上が記述式問題であった。「穴埋め式」や「短答式」を除いた場合は，科目によって分散したが，もっとも割合が低かった「生物」でさえ，24.3％（出題数906問）であった。

　これらのことから，前記した高大接続システム改革会議（2016）による「現状において，大学によっては……知識に偏重した選択式問題が中心で記述式問題を実施していない場合もあること」という指摘は，ほとんどの国立大学には当たらないことが客観的な事実として示された。

　次に各科目の解答形式の特徴をみると，客観式問題においては，いずれの科目でも多肢選択式が主な形式であった。しかしながら，「地理・歴史」と「理科」の「化学」「生物」においては「複数選択式」「組み合わせ式」「並べ替え式」も一定の割合で出題されていた。高大接続システム改革会議

（2016）によれば、「歴史系科目や生物などについては……単なる知識の量や細かな知識の有無のみにより評価を行うことがないよう、作問の改善を図ることが重要である（p.47, 脚注72）」ことが強調されている。客観式問題でも工夫によっては深い理解を測定できることを踏まえると、今回の結果からは、国立大学では、「地理・歴史」の各科目や「生物」については、客観式でも多様な形式を採用することによって多様な能力を評価するように、すでに一定の努力がなされてきたことがうかがえる。

　一方、記述式問題では、科目によって特定の形式に対する出題数の偏りがみられた。もっとも極端なケースは「数学」（理系、文系ともに）であり、ほぼすべてが、数式の展開など、数式で解答する記述式問題であった。それに対し、「英語」は複数の形式に一定数ずつ分布していた。このことから、当該科目の内容に親和性の高い記述式問題の形式があることが示唆される。

　ところで、「地理・歴史」と「公民」の各科目では、概ね40字超で解答する、「記述式（長文）」の割合が比較的高かった。日本学術会議（2011）では、大学入試における地理・歴史関連科目の改革として、「世界史」「日本史」については、「従来の歴史用語の暗記力を問う出題中心を改め、歴史的思考力を試す論述式の出題を飛躍的に増やすべき」と提言している。しかしながら、本結果からは、国立大学の場合には、すでに一定の出題がなされていると考えることができる。したがって、日本学術会議（2011）の提言は、少なくとも国立大学を対象としたものとは考えられない。

　以上の結果から、国立大学が外注ではなく自前で個別学力試験問題を作成している限り、作題能力、とくに記述式問題の作題については、問題は見出せなかった。特に、科目別の集計からは、記述式問題の出題が全ての科目に渡って行われていることが分かった。逆に、「国語」「小論文」「総合問題」においても一部の問題は「客観式」であり、また、「記述式」であっても「穴埋め式」や「短答式」で出題されている例が見られた。「小論文」「総合問題」では他の科目に比べてその比率は低かったものの、「国語」は他の科目とほとんど同じ傾向であった。したがって、文部科学省（2016）の資料に対して国立大学の個別学力試験で記述式問題の出題があまりなされていないかのように理解するのは明確に誤りであることが示された。

　国立大学協会（2000）の「5教科7科目」方針は、国立大学の志願者のは

とんどがすでに5教科以上を受験していた状況で出されたため，期待したほどの実質的効果が得られなかった。少数科目受験が高校での学びをゆがめているという状況を問題視してそれを正すのが目的であったとすれば，「5教科7科目」方針は本来は国立大学以外の志願者を対象に行われるべきであった。本研究の結果からは，新共通テストへの記述式問題の導入が国立大学の志願者を念頭に行われるならば，全く同じ構造の誤謬に陥ることを示している。別の例ではあるが，受験科目の指定の変更という程度の改革であっても，それに伴う無視できない規模の好ましからざる悪影響があった（倉元，2012）。まして，本稿の冒頭で指摘した通り，共通テストへの記述式問題の導入という改革には，予め解決されなければならない極めて大きな難問がいくつもある。あらゆる困難を乗り越えて滞りなく実施されたとしても，期待以上の成果が伴わなければ，激しい非難を浴びる覚悟が必要となるだろう（倉元，2016）。

　なお，本研究はあくまで解答形式という観点からの分析である。今後は，問題の質について検討する必要がある。試験問題の質を論じるためには，識者による「良問」「悪問」といった主観的な印象批評だけでは不十分である。テスト学的に言えば，テストデータを基にして困難度や識別力等の指標に基づく定量的な分析が必要となることはいうまではない。それは，従来からなじみのある形式の試験問題であっても，新共通テストで導入されようと意図されている「複数の情報を統合し構造化して新しい考えをまとめる能力やその過程や結果を表現する能力（高大接続システム改革会議，2016）」を測るとされる試験問題であっても同じ基準で吟味されるべきであることは言うまでもない。本研究の結果は，国立大学の作題能力に関して一つの基礎的な資料となるとともに，大学入試改革をめぐる議論が実態を反映したデータに基づいてなされるべきである，という「エビデンスに基づく（evidence-based）」議論の重要性をあらためて提起するものである。

　現在，入試問題とアドミッションポリシーとの整合性が強調されているが，実践的には以前より，入試問題こそが「大学が求める学生像」をもっとも的確に体現していることが認識されている（中畝，2011）。高校側は，大学入試問題に大学からのメッセージや大学の特性を過剰なまでに読み取ろうとする。例えば，高梨（2011）は，「たとえば，東大に関して言えば，全大学の

模範的な立ち位置が要求されるので，分野に偏りなく出題される。……京都大学に関しては……東大と同じ趣旨では存在理由に説得力がなくなる。したがって，東京大学とは少し違う出題の方向性が存在するはずである」と洞察している。こうした解釈のもと，大学の特性に応じた進路指導や受験対策がなされているのである。このような意味において，現時点でも大学入試は教育の一環であり，個別学力試験の問題はそれぞれの大学の「顔」の役割を果たしていると同時に，高校教育における無料の大切な教材である（倉元，2001）。

こうした認識を持てるかどうかという点でも，各大学が作問能力を問われ続けることは間違いないであろう。そういった観点を意識した上で，個別学力試験問題の解答形式について志願者への影響力という観点から分析することが，本稿では論じ切れなかった残された研究課題である。

注 釈

1）「テスト・スタンダード」（日本テスト学会，2007）によれば，ドラッグ・アンド・ドロップとは，複数の選択肢の画像やテキストを表示されている画面上に動的に配置することによる解答形式。数量選択式あるいはスライダックス式とは，マウスやカーソル操作により数量が変化する表示の仕組みを使う解答形式。座標選択式（表示画面上の特定の位置をマウスやカーソルなどで指示することによる解答形式。

謝 辞

本研究は JSPS 科研費 JP16H02051の助成を受けたものである。

文 献

中央教育審議会（1997）．21世紀を展望した我が国の教育の在り方について（中央教育審議会第二次答申（全文））　文部科学省　Retrieved from http://www.mext.go.jp/b_menu/shingi/old_chukyo/old_chukyo_index/toushin/1309655.htm（2016年11月30日）

中央教育審議会（2008）．学士課程教育の構築に向けて（答申）　文部科学省 Retrieved from　http://www.mext.go.jp/b_menu/shingi/chukyo/chukyo0/toushin/1217067.htm（2016年11月30日）

大学審議会（2000）．大学入試の改善について（答申）　文部科学省 Retrieved from http://www.mext.go.jp/b_menu/shingi/old_chukyo/old_daigaku_index/toushin/1315961.htm（2016年11月30日）

深沢 清治（1999）．大学入試問題の比較研究──国立大学入試問題形式の推移について（1996-97）──　広島外国語教育研究, *2*, 93-100.

平井 明代・藤田 亮子・伊藤 牧子・松崎 秀彰・大木 俊英（2012）．大学入試センターリスニングテストの導入による影響——高等学校・大学の熟達度テストの経年変化から—— 独立行政法人大学入試センターリスニングテスト検証委員会（編）平成23年度リスニングテストの実施結果の成果等を検証し，その改善を図るための調査研究に関する報告書，24-38.

石塚 智一・前川 眞一（1991）．英語の試験問題の出題形式に関する比較研究　研究紀要（大学入試センター），*20*, 47-72.

石塚 智一・平 直樹・清水 留三郎（1992）．社会の試験問題の出題形式に関する比較研究　研究紀要（大学入試センター），*21*, 1-33.

国立大学協会（2000）．国立大学の入試改革——大学入試の大衆化を超えて—— Retrieved from http://www.janu.jp/pdf/kankou/h121115.pdf（2016年11月30日）

国立大学協会入試調査特別委員会（1972/1973）．全国共通第1次試験に関するまとめ　日本教育心理学会（編）　大学入試を考える（pp.200-204）　金子書房

高大接続システム改革会議（2016）．最終報告　文部科学省 Retrieved from http://www.mext.go.jp/component/b_menu/shingi/toushin/__icsFiles/afieldfile/2016/06/02/1369232_01_2.pdf（2016年11月30日）

倉元 直樹（2001）．日本の大学入試に何が欠けているか　西岡和雄（編）　教育が危ない2　ゆとりを奪った「ゆとり教育」（pp.164-194）　日本経済新聞社

倉元 直樹（2011）．大学入試の多様化と高校教育　東北大学高等教育開発推進センター（編）　高大接続関係のパラダイム転換と再構築（pp.7-40）　東北大学出版会

倉元 直樹（2012）．大学入試制度の変更に伴うスケジュール問題の構造　東北大学高等教育開発推進センター（編）　高等学校学習指導要領 VS 大学入試（pp.53-89）東北大学出版会

倉元 直樹（2013）．高校教育と大学入試の関係性をどう捉えるか——キーワードとしての「全人教育」—— 東北大学高等教育開発推進センター（編）大学入試と高校現場——進学指導の教育的意義——（pp.67-82）東北大学出版会

倉元 直樹（2016）．大学入試制度改革の論理に関する一考察——大学入試センター試験はなぜ廃止の危機に至ったのか—— 全国大学入学者選抜研究連絡協議会第11回大会研究発表予稿集，35-40.

文部科学省（2003）．「英語が使える日本人」育成のための行動計画 http://warp.ndl.go.jp/info:ndljp/pid/286794/www.mext.go.jp/b_menu/houdou/15/03/03033102.pdf（2016年11月30日）

文部科学省（2016）．高大接続改革の進捗状況について　文部科学省 Retrieved from http://www.mext.go.jp/b_menu/houdou/28/08/__icsFiles/afieldfile/2016/09/01/1376777_01.pdf（2016年11月30日）

村上 隆・三宅 正武・藤村 宣之（2007）．マークシート形式と記述形式による数学の「学力」　大学入試研究ジャーナル，*17*, 175-182.

村上 隆・三宅 正武・藤村 宣之（2008）．マークシート形式と記述形式による数学の「学力」（2）大学入試研究ジャーナル，*18*, 163-170.

中畝 菜穂子（2011）．入試問題を用いた高大連携——新潟大学ヴァーチャル入試体験—— 東北大学高等教育開発推進センター（編）　高大接続パラダイム転換と再

構築（pp.65-75）東北大学出版会

日本学術会議（2011）．新しい高校地理・歴史教育の創造――グローバル化に対応した時空間認識の育成―― Retrieved from http://www.geoedu.jp/GK.pdf（2016年11月30日）

日本テスト学会（編）（2007）．テスト・スタンダード――日本のテストの将来に向けて―― 金子書房

臨時教育審議会（1985）．教育改革に関する第1次答申 文部省

鈴木 規夫・山田 文康・池田 輝政・赤木 愛和（1991）．国語の試験問題の出題形式に関する比較研究 研究紀要（大学入試センター），20, 1-45.

高梨 誠之（2011）．メッセージとしての大学入試問題 東北大学高等教育開発推進センター（編） 高大接続パラダイム転換と再構築（pp.183-198） 東北大学出版会

豊田 秀樹・山村 滋・藤芳 衛（1991）．数学の試験問題の出題形式と設問過程に関する比較研究 研究紀要（大学入試センター），20, 73-91.

内田 照久・大津 起夫（2013）．大学入試センター試験への英語リスニングテストの導入に至る歴史的経緯とその評価 日本テスト学会誌，9, 77-84.

内田 照久・鈴木 規夫（2011）．大学入試センター試験における中核志願者層の歴史的遷移 大学入試研究ジャーナル，21, 83-90.

内田 照久・橋本貴充・鈴木規夫（2014）．18歳人口減少期のセンター試験の受験出願状況の推移と地域特性 日本テスト学会誌，10, 47-68.

山田 文康・鈴木 規夫・豊田 秀樹・清水 留三郎（1992）．理科の試験問題の出題形式に関する比較研究 研究紀要（大学入試センター），21, 35-57.

山村 滋・大津 起夫・宮埜 壽夫（2012）．リスニングテストの高校教育への影響――高校への質問紙調査の分析―― 独立行政法人大学入試センターリスニングテスト検証委員会（編） 平成23年度リスニングテストの実施結果の成果等を検証し，その改善を図るための調査研究に関する報告書，3-23.

安野 史子・浪川 幸彦・森田 康夫・三宅 正武・西辻 正副・倉元 直樹・林 篤裕・木村 拓也・宮埜 壽夫・椎名 久美子・荒井 克弘・村上 隆（2013）．解答形式とパフォーマンスに関する実証的研究 大学入試研究ジャーナル，23, 143-150.

第 8 章

国立大学の個別学力検査における記述式問題の出題状況の分析
——80字以上の記述式問題に焦点を当てて——[1]

東北大学高度教養教育・学生支援機構　准教授　宮本　友弘

東北大学高度教養教育・学生支援機構　教授　倉元　直樹

◆◇◆
第 1 節　はじめに

　大学入試センター試験に代わる「大学入学共通テスト」(以下,「新共通テスト」)の柱の一つが,記述式問題の導入である。

　高大接続システム改革会議「最終報告」(高大接続システム改革会議,2016)では,新共通テストで記述式問題を導入する理由として,「現状において,大学によっては,一般入試の試験科目が1〜2科目のみとなっている場合もあること,知識に偏重した選択式問題が中心で記述式問題を実施していない場合もあること,記述式を実施している場合であっても,複数の情報を統合し構造化して新しい考えをまとめる能力やその過程や結果を表現する能力などについては,必ずしも十分に評価されていないことが多いこと」(p.47)を挙げている。また,これに続く,「高大接続改革の進捗状況について」(文部科学省,2016)では,「国立大学の二次試験においても,国語,小論文,総合問題のいずれも課さない募集人員は,全体の約6割にのぼる。共通テストに記述式問題を導入し,より多くの受験者に課すことにより,入学者選抜において,考えを形成し表現する能力などをより的確に評価することができる」(p.11)と述べている。

　このように,新共通テストへの記述式問題の導入は,各大学の個別学力検査の問題の量と質を補完することを意図しており,とくに国立大学について

1　本章は,本章は,『大学入試研究ジャーナル』第28巻に同一のタイトルで執筆された論文を再録したものである(宮本・倉元,2018,文献リストは第2部 Introduction「大学入学共通テストが目指すかたち」の末尾に記載)。執筆当時の著者の所属・肩書は現在と同じ。

は，唯一の実証的根拠に基づき，量の問題が強調されている。

　しかしながら，記述式問題は，「国語，小論文，総合問題」だけに限定されるものではない。それ以外の教科・科目においても「複数の情報を統合し構造化して新しい考えをまとめる思考・判断の能力や，その過程を表現する能力をよりよく評価する」（高大接続システム改革会議，2016，p.56）ことは可能であろう。また，そもそも国立大学の個別学力検査における記述式問題の実態を詳細に調べたデータはみあたらない（宮本・倉元，2017）。したがって，「高大接続改革の進捗状況について」（文部科学省，2016）で示されたデータをもって，「国立大学の個別学力検査では記述式問題は課されていない」と結論づけるのは早計であろう。

　そこで，倉元・宮本（2016）は，大学院大学4校を除く国立大学82校の平成27年度（2015年度）一般入試（前期日程，後期日程）における個別学力検査の試験問題を収集し，枝問の解答形式を分類した。ごく少数ではあるが，非公開等の理由から収集しきれなかった試験問題も存在し，分類後直ちに公表する「速報値」としながらも，収集された24,066問のうち，87.5％が記述式に該当することを示した（詳細は，宮本・倉元（2017）参照）。また，募集単位ごとに各教科・科目の「必須科目」「選択科目」の指定状況と大学ごとの教科・科目別の各解答形式数を突き合わせ，実際に受験者が各解答形式に該当する枝問を1問以上解いたと推定される募集単位の募集人員と志願者数を算出した。その結果，高大接続システム改革会議（2016）で「思考力・判断力・表現力」の評価可能性が低いと位置づけられている「穴埋め式」と「短答式」を除いた場合でも，募集人員の91.1％，志願者数の85.7％に対して記述式問題が課されていた。

　以上の結果は，今後，データを精査することで数値が若干変わる可能性があるが，「国立大学の個別学力検査では記述式問題は課されていない」という認識が必ずしも実態に合致していないことを端的に示した結果といえよう。

　ところで，平成28年（2016年）11月4日に文部科学省は，国立大学協会に対して，新共通テストにおける記述式問題の出題方式，採点方法等について新たな提案をした（国立大学協会，2016）。そこでは，2つのパターンの記述式問題を国語の試験の中で出題し，より深く思考力・判断力・表現力等の能力を問う中〜高難易度の問題の「パターン1」と，80字程度の短文記述式

により基盤的能力を問う中難易度の問題の「パターン2」から構成されるとした。この提案に対する国立大学協会の対応はさておき，ここで着目したいことは，記述式問題の難易度を分ける量的な目安として80字が示されたことである。すなわち，80字を超えることが，「考えを形成し表現する能力などをより的確に評価することができる」（文部科学省，2016）ことを量的に担保する目安として提示されたといえる。

そして，平成29年（2017年）7月13日に公表された新共通テストの「実施方針」（文部科学省，2017）では，国語において「80～120字程度の問題を含め3問程度」を出題するとしている。「80字以上」が，高大接続改革が目指す記述式問題の要件といえる。

以上を踏まえ，本研究では，80字以上の記述式問題という観点から，あらためて国立大学の個別学力検査における記述式問題の出題傾向を分析することを目的とする。具体的には，倉元・宮本（2016）において収集しきれなかった問題を補充し，それに合わせて教科・科目の分類カテゴリーも適宜補充した上で，解答形式の分類カテゴリーに「80字以上で解答する記述問題」を新たに追加して，問題の分析を試みる。

第2節　方法

1．分析対象

大学院大学4校を除く国立大学82校の平成27年（2015年）度一般入試（前期日程，後期日程）個別学力検査で出題された問題を分析対象とした。このうち，「2016年版大学入試シリーズ」（教学社），いわゆる「赤本」が刊行されている75大学については，そこに収載された問題を使用した。ただし，収載を省略された問題については当該大学のWebページからダウンロードするか，直接依頼して送ってもらった。また，「赤本」が発刊されていない7大学の問題についても同様の手続きで可能な限り収集した。

分類は，解答の最小単位（枝問）に対して行った。最終的には24,258問の枝問が分析対象となった。なお，前期日程の実施大学82大学中2大学が，また，後期日程の実施大学75大学中9大学が個別学力検査を課していなかった。

2．分析方法

『テスト・スタンダード』（日本テスト学会，2007）及び高大接続システム会議「最終報告」（高大接続システム改革会議，2016）等に基づき，表8-1に示す分類カテゴリーを作成した。「客観式」「記述式」「その他」の3つのカテゴリーを設定し，さらに「客観式」では7，「記述式」では11，「その他」では2の下位カテゴリーを用意した。倉元・宮本（2016）では，B3とB4の区切りは40字であったが，今回の分析では80字に変更した。なお，80字ちょうどの場合はB3に分類した。

全24,258問は「客観式」あるいは「記述式」の下位カテゴリーにくまなく

表8-1 解答形式の分類カテゴリー

客観式	
A1	○×式
A2	多肢選択式
A3	複数選択式
A4	組み合わせ式
A5	並べ替え式
A6	その他
A7	分類不能
記述式	
B1	穴埋め式（リード文などの該当箇所に穴があり，それを埋める問題）
B2	短答式（語句，数値，記号，単語など，文を構成しない短い解答を記述する問題）
B3	記述式（短文）（概ね80字以下で解答する記述式問題）
B4	記述式（長文）（概ね80字以上で解答する記述式問題）
B5	記述式（英文和訳）（該当箇所の英文を日本語の文章に置き換える問題で，要約などは含まない）
B6	記述式（和文英訳）（該当箇所の和文を英語の文章に置き換える問題で，要約などは含まない）
B7	記述式（英文日本語要約）（英語で提示された文章を日本語で要約する問題）
B8	記述式（英作文）（和文英訳ではなく，英語で一から文章を組み立てて解答する問題，英文による要約を含む）
B9	記述式（小論文）（概ね100字程度以上で自分の意見の記述を求められる問題）
B10	記述式（数式）（数式の展開など，数式で解答する記述式問題）
B11	記述式（図・絵等）（図，絵などによる解答を求められる問題）
その他	
C1	コンピュータ式（ドラッグ・アンド・ドロップ，数量選択式あるいはスライダックス式，座標選択式などコンピュータを利用したテストの解答形式）[1]
C2	その他

分類され，「その他」（C１，C２）に該当するものはなかった。なお，枝問の解答形式の分類であるため，例えば，「小論文」という科目で出題された試験であっても，内容によっては「B９」に分類されない場合もあった。また，一部の問題は「客観式」の解答を要求した上で，それに対して「記述式」で説明を求める形式のものが存在した。その場合，設問自体は分割することが難しいので一つの枝問として数え，「記述式」として該当するカテゴリーに分類することとした。

第３節　結果

１．教科・科目による解答形式の特徴

　大学を込みにして教科・科目ごとに各解答形式の出題数を集計した。表8-2には，客観式については合計のみ，記述式については，穴埋め式（B１）と短答式（B２），80字以下の記述式問題（B３），80字以上の記述式問題（B４），それ以外の記述式問題（B５〜B11），の集計結果を示した。

　全問題に占める記述式問題の割合は91.1％，穴埋め式・短答式を除いた場合は41.1％であった。倉元・宮本（2016）では，前者は87.5％とほぼ同様であったが，後者は47.5％であり，若干減少した。今回，解答形式を再判定した結果，倉元・宮本（2016）では，表8-1のB10に分類された「数学（文系）」「数学（理系）」の問題のいくつかが，B２に分類されたことによる。

　教科・科目別にみると，「英語」「英語L」以外は8割以上が記述式問題であった。「英語」は78.5％，「英語L」は65.1％であった。穴埋め式・短答式を除いた場合の記述式問題は「倫理」「倫理，政治・経済」「小論文」「英語W」で75〜100％，「国語」「現代社会」「政治・経済」「数学（理系）」「総合問題」「数学（文系）」「物理」「化学」「英語」で40〜60％，「世界史」「日本史」「地理」「地学」「英語L」「その他」「生物」で20〜35％であった。この結果は，「数学（文系）」「数学（理系）」以外は，倉元・宮本（2016）と同様の結果であった。「数学（文系）」「数学（理系）」については，先述した理由のため減少した。

　80字以上の記述問題をみると，総計1,088問で，全問題の4.5％であったが，

表8-2　教科・科目別の客観式問題と記述式問題の問題数と割合

教科科目		客観式	記述式					合計
			穴埋め式・短答式	80字以下	80字以上	それ以外	計	
国語	問題数	123	929	515	224	232	1,900	2,023
	%	6.1%	45.9%	25.5%	11.1%	11.5%	93.9%	100.0%
世界史	問題数	24	319	58	61	1	439	463
	%	5.2%	68.9%	12.5%	13.2%	0.2%	94.8%	100.0%
日本史	問題数	22	282	78	59	0	419	441
	%	5.0%	63.9%	17.7%	13.4%	0.0%	95.0%	100.0%
地理	問題数	77	204	71	68	3	346	423
	%	18.2%	48.2%	16.8%	16.1%	0.7%	81.8%	100.0%
現代社会	問題数	2	13	3	17	1	34	36
	%	5.6%	36.1%	8.3%	47.2%	2.8%	94.4%	100.0%
倫理	問題数	2	2	0	14	0	16	18
	%	11.1%	11.1%	0.0%	77.8%	0.0%	88.9%	100.0%
政治・経済	問題数	6	15	5	18	0	38	44
	%	13.6%	34.1%	11.4%	40.9%	0.0%	86.4%	100.0%
倫理、政治・経済	問題数	0	0	1	6	0	7	7
	%	0.0%	0.0%	14.3%	85.7%	0.0%	100.0%	100.0%
数学（文系）	問題数	0	410	0	0	307	717	717
	%	0.0%	57.2%	0.0%	0.0%	42.8%	100.0%	100.0%
数学（理系）	問題数	2	1,017	2	0	862	1,881	1,883
	%	0.1%	54.0%	0.1%	0.0%	45.8%	99.9%	100.0%
物理	問題数	183	1,519	54	29	1,187	2,789	2,972
	%	6.2%	51.1%	1.8%	1.0%	39.9%	93.8%	100.0%
化学	問題数	385	2,316	344	76	1,455	4,191	4,576
	%	8.4%	50.6%	7.5%	1.7%	31.8%	91.6%	100.0%
生物	問題数	433	2,384	577	227	115	3,303	3,736
	%	11.6%	63.8%	15.4%	6.1%	3.1%	88.4%	100.0%
地学	問題数	108	723	131	89	86	1,029	1,137
	%	9.5%	63.6%	11.5%	7.8%	7.6%	90.5%	100.0%
英語	問題数	625	1,059	8	3	1,208	2,278	2,903
	%	21.5%	36.5%	0.3%	0.1%	41.6%	78.5%	100.0%
英語L	問題数	38	41	11	2	17	71	109
	%	34.9%	37.6%	10.1%	1.8%	15.6%	65.1%	100.0%
英語W	問題数	0	5	0	0	15	20	20
	%	0.0%	25.0%	0.0%	0.0%	75.0%	100.0%	100.0%
総合問題	問題数	67	614	137	127	311	1,189	1,256
	%	5.3%	48.9%	10.9%	10.1%	24.8%	94.7%	100.0%
小論文	問題数	22	163	72	60	934	1,229	1,251
	%	1.8%	13.0%	5.8%	4.8%	74.7%	98.2%	100.0%
その他	問題数	41	122	42	8	30	202	243
	%	16.9%	50.2%	17.3%	3.3%	12.3%	83.1%	100.0%
合計	問題数	2,160	12,137	2,109	1,088	6,764	22,098	24,258
	%	8.9%	50.0%	8.7%	4.5%	27.9%	91.1%	100.0%

注）英語L：リスニング，英語W：ライティング

教科・科目によってバラツキが大きかった。それらを明瞭にするために，各教科・科目の割合をグラフ化し，降順に並べたのが図 8 - 1 である。「倫理，政治・経済」「倫理」で77％以上，「現代社会」「政治・経済」で40％以上と，他の教科・科目よりも著しく高かった。以下，「地理」～「総合問題」までが10～17％，「地学」～「その他」までが 3 ～ 8 ％，「英語 L 」～「英語」までが 2 ％未満で推移し，「数学（文系)」「数学（理系)」「英語Ｗ」は皆無であった。

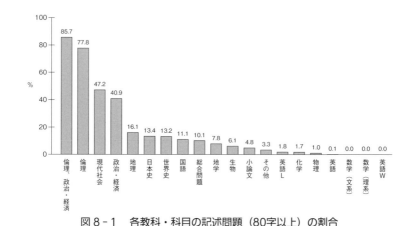

図 8 - 1　各教科・科目の記述問題（80字以上）の割合

2．各大学の記述式問題（80字以上）の出題状況

　大学ごとに80字以上の記述式問題を集計した。教科・科目を込みにした合計数の分布を図 8 - 2 に，その記述統計量を表 8 - 3 に示した。80字以上の記述式問題を全く課していない大学は82大学中 9 大学であった。半数以上の大学が 9 問以上，上位 4 分の 3 が19問以上出題していた。最大は58問であった。

　教科・科目別に80字以上の記述式問題を課している大学を集計し，降順に並べた結果（図 8 - 3），教科・科目は次の 3 群に分かれた。①　6 割以上の大学で出題：「生物」「国語」，②　約 2 , 3 割の大学で出題：「化学」「地学」「小論文，「総合問題」「世界史」「物理」「日本史」「地理」，③　1 割未満の大学で出題：「倫理」，「政治・経済」，「英語，現代社会」「倫理，政治・経済」「英語 L 」「その他」。

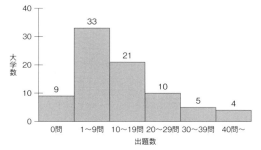

図8-2 記述式問題（80字以上）の出題数の分布

表8-3 記述式問題（80字以上）の出題数の記述統計量

大学数	82
平均値	13.27
標準偏差	13.12
最小値	0.00
最大値	58.00
25パーセンタイル	4.00
50パーセンタイル	9.00
75パーセンタイル	19.00

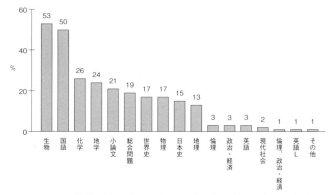

図8-3 教科・科目別の記述問題（80字以上）の出題大学数

3．記述式問題（80字以上）の教科・科目の構成比からみた大学の分類

　80字以上の記述式問題を課している73大学の類型を探るために，各大学における80字以上の記述式問題の教科・科目の構成比を用いてクラスター分析（Ward法）を行った。デンドログラムから，大きく４つのクラスターに分かれると判断した。第１クラスター37大学，第２クラスター８大学，第３クラ

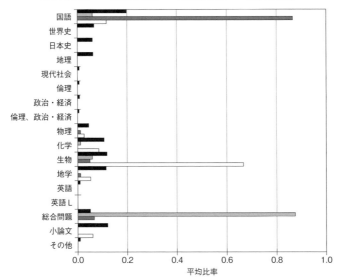

図8-4　各クラスターの記述問題（80字以上）の科目・教科別の平均比率

スター8大学，第4クラスター20大学であった。

　これら4つのクラスターの特徴を明確にするために，クラスター別に各教科・科目の構成比の平均を算出し，図8-4に示した。第1クラスターはすべての教科・科目に分布し，複数の教科・教科で80字以上の記述問題を出題する「全教科型」と解釈できる。それに対して，第2クラスター〜第4クラスターは特定の1つの教科・科目で80字以上の記述問題が出題され，第2クラスターは「総合問題」が約9割を占めることから「総合問題型」，同様にして，第3クラスターは「国語型」，第4クラスター「生物型」と解釈できた。

◆◇◆

第4節　考察

　本研究の目的は，80字以上の記述式問題という観点から，国立大学の個別学力検査における記述式問題出題傾向を分析することであった。

　80字以上の記述式問題は，総計1,088問が出題されていた。教科・科目ごとに80字以上の記述問題が占める割合をみると，上位7科目はすべて「地理

歴史」と「公民」に属する科目であり，「国語」や「総合問題」の割合を上回っていた。これらの科目は80字以上の記述問題として出題されやすいことが示唆された。ただし，「公民」に属する科目については，いずれも 1 ～ 3 大学でしか出題されていないことから，80字以上の記述問題の出題傾向を結論づけるには，複数の年度における分析が必要である。一方，大学別にみると，全く出題しない大学は 9 大学に過ぎず，半数以上の大学が 9 問以上出題していた。また，各大学の80字以上の記述問題の教科・科目の特徴をみると，さまざまな教科・科目で幅広く出題する大学（37大学）と，「総合問題」（ 8 大学），「国語」（ 8 大学），「生物」（20大学）を中心にして出題する大学に類型化された。

　以上から，国立大学の大部分において，80字以上の記述式問題は課されており，また，それは「国語，小論文，総合問題」だけに限定されるものではないことが明らかになった。したがって，「国語，小論文，総合問題のいずれも課さない募集人員は，全体の約 6 割にのぼる」（文部科学省，2016）という事象だけを根拠にして，あたかも国立大学の一般入試個別学力検査では記述式問題があまり出題されていないかのような認識の下に現状の大学入試の問題点やあり方を議論するのは実態から乖離しているといえよう。

　もちろん，本研究は，あくまで出題されている問題数及び大学数の観点からの分析結果である。大学の出題・採点能力という側面からは，国立大学には個別学力検査でその役割を担える可能性を示唆する実績があることが示された。一方，受験生の学習行動に対する影響力という観点から国立大学の一般入試個別学力検査の問題を議論するには，本研究の分析では不足している部分がある。少なくとも，文部科学省（2016）のデータとの直接的な比較という意味で，倉元・宮本（2016）で実施した募集単位での分析を行う必要があろう。

　また，「複数の情報を統合し構造化して新しい考えをまとめる思考・判断の能力や，その過程を表現する能力をよりよく評価する」（高大接続システム改革会議，2016）ための記述式問題については，国語を中心に検討されているが，本研究の結果を踏まえると，例えば，地理歴史，公民，理科といった他教科の科目も含めた総合的な観点からの，質的な検討が必要であろう。

文　献

高大接続システム改革会議（2016）．高大接続システム改革会議「最終報告」　文部科
　　学省 Retrieved from http://www.mext.go.jp/component/b_menu/shingi/toushin/__ics-
　　Files/afieldfile/2016/06/02/1369232_01_2.pdf（2017年10月20日）

国立大学協会（2016）．大学入学者選抜試験における記述式問題出題に関する国立大
　　学協力としての考え方　国立大学協会　Retrieved from http://www.janu.jp/news/
　　files/20161208-wnew-exam-comment.pdf（2017年10月15日）

倉元 直樹・宮本 友弘（2016）．国立大学における個別学力試験の解答形式に関する研
　　究（続報）　科学研究費補助金基盤研究（A）「高大接続改革の下での新しい選抜
　　方法に対する教育測定論・認知科学・比較教育学的評価」（課題番号16H02051）
　　ホームページ Retrieved from http://www.adrec.ihe.tohoku.ac.jp/wp/wp-content/up-
　　loads/2016/12/H27kokuritsu-zokuho161222.pdf（2017年10月20日）

宮本 友弘・倉元 直樹（2017）．国立大学における個別学力試験の解答形式の分類　日
　　本テスト学会誌, 13, 69-84.（本書第2部第7章 pp.127-150）

文部科学省（2016）．高大接続改革の進捗状況について　文部科学省 Retrieved from
　　http://www.mext.go.jp/b_menu/houdou/28/08/__icsFiles/afield-
　　file/2016/09/01/1376777_01.pdf（2017年10月20日）

文部科学省（2017）．高大接続改革の実施方針等の策定について　文部科学省 Re-
　　trieved from http://www.mext.go.jp/b_menu/houdou/28/08/__icsFiles/afield-
　　file/2016/09/01/1376777_01.pdf（2017年10月20日）

日本テスト学会（編）（2007）．テスト・スタンダード――日本のテストの将来に向け
　　て――　金子書房

謝　辞

　本研究は JSPS 科研費 JP16H02051の助成を受けたものである。

執筆者紹介

倉元直樹　　（編　者）　　はじめに・第 1 部 Introduction・第 2 章・第 3 章・
　　　　　　　　　　　　　第 2 部 Introduction・第 6 章・第 7 章・第 8 章

土井真一　　（京都大学大学院法学研究科教授）　　　　　　　　　　　第 1 章

南風原朝和　（広尾学園中学校・高等学校校長／東京大学名誉教授）　　第 4 章

秦野進一　　（東北大学高度高等教養教育・学生支援機構特任教授）　　第 5 章

田中光晴　　（文部科学省総合教育政策局調査企画課外国調査係専門職）　第 6 章

宮本友弘　　（東北大学高度高等教養教育・学生支援機構准教授）
　　　　　　　　　　　　　　　　　　　　　　　　第 6 章・第 7 章・第 8 章

●監修者・編者紹介

倉元直樹

東北大学高度教養教育・学生支援機構教授。東京大学大学院教育学研究科教育心理学専攻（教育情報科学専修）第1種博士課程単位取得満期退学。博士（教育学）。大学入試センター研究開発部助手を経て，1999年より東北大学アドミッションセンター助教授（組織改編により現所属）。東北大学大学院教育学研究科協力講座教員を兼務。専門は教育心理学（教育測定論，大学入試）。日本テスト学会理事。全国大学入学者選抜研究連絡協議会企画委員会委員。

本書は JSPS 科研費 JP16H02051 の助成を受けて出版したものです。

東北大学大学入試研究シリーズ

大学入試センター試験から大学入学共通テストへ

2020年3月26日　初版第1刷発行　　　　　　　　　　　　　　　［検印省略］

監修者	倉 元 直 樹
編　者	倉 元 直 樹
発行者	金 子 紀 子
発行所	株式会社 金 子 書 房

〒112-0012　東京都文京区大塚 3-3-7
TEL 03-3941-0111㈹
FAX 03-3941-0163
振替　00180-9-103376
URL http://www.kanekoshobo.co.jp

印刷・製本／藤原印刷株式会社

ⓒ Naoki T. Kuramoto et al., 2020
ISBN 978-4-7608-6102-6　C3337　Printed in Japan